作者的建议：
一般情况下，我们不可以在书里乱涂乱画。
但这本书不同，准备好你的彩色铅笔吧。
当你读累了的时候，你可以给最喜欢的插图涂色。

给孩子的经济启蒙书

钱该怎么用

[捷克] 德尼莎·普罗斯科娃 著/绘

李科 译

海峡出版发行集团　福建少年儿童出版社

前言

你知道钱可以买到什么，又有哪些东西是钱买不到的吗？

钱买不到爱情、健康、活泼的孩子以及友谊，但是钱可以帮助我们实现一些梦想。没有钱，很多事情无从谈起。如今，我们常常听到各种各样的人说需要给予孩子帮助，弘扬文化以及发展教育，但如果没有金钱的投入，这些话往往是空洞的，很少能够真正起作用。

首先，我要感谢NN养老保险公司，没有他们提供的经济支持和热心的帮助，这本书将无法面世。

我还要特别感谢NN养老保险公司的前首席执行官勒娜特·马尔科娃女士，她是第一位对这本书给予信任的人。即使在她全家搬到荷兰以后，她也没有停止对我的支持，现在她已经是NN集团总部的人力资源总监了。

我还要感谢那些为我提供了专业讲解和点评的人们，他们让我对财务知识有了更深入的了解。要知道，之前我对财务知识知之甚少。他们中的大部分人都有经营企业的经验，有谁能比这些用自己的钱去承担投资风险的人更了解金钱的价值呢？

我还要感谢卡特里娜和迈克尔·舒尔，他们都出身于曾经的名门望族，并且因为出身一度受到了影响。然而他们凭借独特的魅力和幽默，向我阐释了应该如何尊重财富，而又不为财富所累。

我还希望对玛格丽特·克里佐娃表达真挚的谢意，她是一名MBA（工商管理硕士），白手起家，成为了CEAG公司的创始人之一。还有金融财富中心的约瑟夫·亚诺塞克，虽然他本人不是企业家，但是他让我相信真的会有一些理财顾问真正把客户的利益放在心上。

我还要感谢琳卡彼得科娃为本书所做的编辑工作。同时，还要感谢琳卡12岁的女儿露西，她是本书的第一个儿童读者，并为本书提出了很多宝贵的意见和反馈。

众所周知，优秀的合作者是成功的一半！

最后，我还要感谢一下我的家人。没有他们，我将一事无成。在创作的最后阶段，正是他们的帮助和支持让我可以心无旁骛地投入创作。

在我们开始之前……

我叫**亚当·莫奈**。在开始讲故事之前,我想先说明一下:在本书中,我将和妹妹**阿黛尔**轮流讲故事,因为我是男孩,妹妹是女孩,而且年龄不一样,所以我们看问题和理解问题的角度也不一样。但是,如果把我们俩的故事结合一下,事情就更容易弄清楚了。

先由亚当来讲……

 **第1章** 我(大款)和我的朋友们

起外号是一件很酷的事。别人眨一下眼就能给你起一个外号,虽然你可能不喜欢,但这个外号会像胎记一样伴你长大。我也有外号,而且这不是什么秘密了。因为我的名字叫亚当·莫奈,"莫奈"就是money(钱)的音译。所以,我的外号注定跟财经有关。我的外号是我的体育老师起的。当时,我们正在爬绳,体育老师朝我喊道:"嗨!大款,你再加把劲!"这就是我的外号的由来。从此以后,同学们都叫我"大款""银行"或"钞票"。有时为了省事,他们干脆叫我"票子"或"银子"。

在给杰克·博加特起外号的时候,就没那么费劲了,我们直接叫他老博。马克·马德莱的外号是这样来的:一天,他穿着沾满泥的鞋子在刚擦干净的

走廊上走,清洁工霍夫夫人朝他大叫"我真想一巴掌送你上西天"。对于这句话,大家除了西天,别的什么也没记住。但是西天不太适合做外号,我们决定干脆就叫他"国王"吧。对了,我们也给霍夫夫人起了外号,叫她"瘦玛丽"。我们还给安迪·维克特起了个外号叫"啵啵",这个外号可是从他哥哥那里传下来的。"啵啵"这个词是我们自己造的。安迪的哥哥马丁是啵啵一代,他比啵啵二代安迪大17岁。当安迪还是小婴儿的时候,马丁用婴儿车推着他出去兜风。他很喜欢干这个活,因为安迪确实很可爱,更重要的是,在推着这个小可爱出去散步的时候,总会吸引很多女孩子。女孩们一看到婴儿车,就会围过来叽叽喳喳:"哇,这个小孩真可爱!"这时,安迪就会非常开心,伸着小手,咿咿呀呀地说:"啵啵……啵啵。"我之所以跟你们讲这些外号,是因为国王、老博、啵啵和我都是从幼儿园一起长大的好朋友。五年级的时候,国王和啵啵转学去了一所文法学校,而老博和我还是待在老地方,但我们还会经常见面。

第2章 老博是个白痴

现在,老博和我是同桌,而且学习比我好。他的计算机学得不错,但他更喜欢读一些历史书,因为他觉得历史很有意思。然而最近我发现他对理财一窍不通。跟他在一起你会感觉自己就是一个理财专家。但是,这并不是他自身的问题,他生活在一个单亲家庭,妈妈每天都要忙着挣钱养家,没有时间教他理财知识。

老博的爸爸和他妈妈离婚以后,又组建了一个新家庭,但他每个月都会给老博的妈妈一些钱。这些钱叫作"抚养费"或"子女赡养费"。在老博看来，这是一大笔钱，所以他和妈妈根本不用担心生活，可是妈妈并没有告诉他这些钱的全部用途。有一次，老博很难过地跟我说："妈妈从来不说任何跟爸爸有关的事，她还在生他的气。"

这恰恰说明了老博为什么对理财一点都不懂。他甚至对钱多钱少都没有什么概念，而且他竟然连他爸爸给他多少抚养费都会告诉我。

我在一年级的时候就知道，不应该告诉别人你的父母挣多少钱，有多少积蓄，因为这样做可能会惹麻烦。我妈妈曾经跟我说，这不是钱本身的问题，而是如果这样做，别人可能会嫉妒你或同情你。好在老博跟我说这些事的时候，没有别人在场，而我肯定不会把他家有多少钱的事告诉别人。

不管怎么说，我现在知道了老博的妈妈每次从他爸爸那里能拿到多少抚养费了。如果博加特夫人只是把这些钱用作零花钱的话是足够了，但是她跟我的爸爸妈妈一样，有很多地方都需要花钱。老博却不知道这些钱去哪里了，老博呀老博，你可真是个理财白痴！于是，我为老博列出了他家的总收入：

- 老博的妈妈每个月挣24000克朗。
- 老博的爸爸每个月给他们6000克朗的抚养费。
- 加起来一共30000克朗。

老博觉得这是很大一笔钱了，于是我拿了一支笔，写下这些看得见和看不见的支出（读过第一册的小朋友可以回顾一下）：

看得见的支出

- 房租和其他各种家用花销（水费、电费和燃气费）
- 食物和衣服
- 交通费
- 洗漱用品

看不见的支出
- 保险
- 储蓄
- 学校餐费
- 游泳费

老博看到这些大吃一惊。他这才意识到,即使加上爸爸给的抚养费,妈妈也并没有很多钱。他唏嘘地说:"妈妈挣的钱只够付房租和买食物。如果没有爸爸的抚养费,我们根本没法生活。"

第3章 四个气球

收入气球

就跟小时候爸爸妈妈向我和妹妹介绍钱的用途一样,我也给老博解释了一下钱的各种用途。我的解释可能有点小儿科,但是我知道如何更形象地表达出来。每一位挣钱的大人手里都有四个气球。这四个气球分别代表**收入**、**支出**、**积蓄**和**债务**,它们同等重要,我们必须要紧紧地抓住这四个气球。如果哪一个飞走了,我们就会有麻烦了。

1. 每个人都希望代表收入的那个气球越大越好。但是,不管这个气球有多大,重要的是,我们都必须要把握住它。没有人能永远牢牢地将收入气球攥在手里,即使在没有风的天气,我们认为它很安全的时候,它也有可能飞走,因为公司可能会裁员,甚至破产。因此,当我们还能抓住收入气球的时候,我们就要尽可能多地往积蓄气球里充气。这样,如果收入没有了,就可以指望积蓄了。

2. 总会有许多无形的手来抓我们的**支出气球**,想要从我们手里把气球抢走。有一些是无法避免的,但也有一些是没有太多意义的。因此,我们一定要看好这些支出气球。

3. 我们应该尽自己最大的能力给**积蓄气球**充气。我们都希望这只气球像收入气球那样，越大越好，但是它不可能无限大下去。即使这个气球很小，总比没有要好。我们应该遵循一个原则：如果收入气球不出问题，我们就应该把尽可能多的空气充到积蓄气球里，然后再考虑把气充到支出气球里。但不幸的是，很多人做得恰好相反。

4. **债务气球**不会飞。实际上，债务不能算是气球，而像一个拴在脚踝上的大铁球，不管我们走到哪里都要拖着它。每个人都会有这样一个**债务球**，但是有人却假装看不见，这样可不好。即使其他三个气球都飞走了，债务球可能还会继续存在。这种事有可能发生在每个人身上，那些认为自己不可能负债的人其实是在自欺欺人。我们可能会因为别人的错误而负债，比如，有人在我们工作之后不给我们钱，或者有人把我们的东西偷走了。我们只能靠自己把这些债务清除掉。**债务**是不会自己消失的，因此，我们要尽力并且尽快地把债务清理掉。

第4章 银行账户

当我发现老博连个银行账户都没有时并不觉得奇怪,而当我告诉他我在8岁那年就有了自己的账户时,他很吃惊。当时,爸爸跟我说:"如果把钱放在存钱罐里,当需要用钱的时候,只能把罐子摔碎。但如果把钱存在银行里,就不一样了,我们可以得到一张银行卡。虽然小孩不能用这张银行卡在商店买东西,但是可以从取款机里提钱。"

妈妈作为我的监护人,到银行给我开了账户,并对我说:"这可以考验你的自觉性。"

在回家的路上,她语重心长地对我说:"亚当,现在你有了自己的账户和钱。我和爸爸不会要求你怎么用这个账户以及怎么花钱。我需要做的只是限制你每周从账户里提钱的数量。不论大人、小孩,花钱都应该有节制。如果你把账户里的钱都花光了,就只能等下次零花钱了。我和爸爸每个月发一次工资,我们要决定是两三天就把这些钱花完,还是花得更合理一些,你也一样。"

我承认,我确实不太喜欢讨论责任问题,而且那么容易得到的钱却不能随便花,这让我很难受。

第5章 煳了的煎蛋会冒烟

爸爸经常说:"煳了的煎蛋会冒烟。"因为他是一家酒店的厨师,所以他喜欢用食物来打比方。家里没有专业厨师的孩子,可能会觉得我爸爸在胡说,但是我和阿黛尔却觉得爸爸说的有道理。爸爸所说的冒烟,是指财务或其他方面出问题的时候会有一些信号,但是你往往注意不到这些信号。当煎蛋刚开始煳的时候，除非我们的鼻子受过专业的训练，否则我们也意识不到。等你闻到烤煳的气味时，你应该马上到厨房看一下，并立刻采取行动。

有时我会忘了关掉卫生间的灯，爸爸也会把这看成是煎蛋烤煳时冒的烟。在我们没有意识到的情况下，类似的事情就会慢慢地额外增加家里的开支。爸爸还很讨厌有人忘记关掉卫生间的水龙头，阿黛尔经常干这种事。有一次，我们早上起晚了，妈妈着急催我们起床，在阿黛尔用完卫生间以后，妈妈没顾得上检查，结果水白白流了一上午。

阿黛尔嘴里一点也藏不住话，晚上她把这件事告诉了爸爸。爸爸很生气，严厉地批评了她："你知道有多少钱就这样被冲到下水道里了吗？"阿黛尔是爸爸的心肝小宝贝，可从来没见爸爸朝她发这么大火，她吓得哭了起来。

"浪费钱不说，你这样做也没有替别人考虑啊！"爸爸的火气还没消，"你想一下，如果每个人都这么浪费水，还没等我们意识到问题的严重性，水就已经不够用了。你要知道，世界上的水是有限的，我们要节约用水，不能随意浪费。每个人都有节约用水的责任。"

爸爸对阿黛尔说今天浪费的这些水对于生活在沙漠里的人是多么重要。他还讲了一个地主的故事。有个地主虽然有很多水，但是他并没有觉得自己富有，因为他还要为别人着想，为以后着想。他要保证明天也要有足够的水，甚至十年以后也要有足够的水供他和其他人使用。那天晚上，爸爸俨然成了一个愤怒的生态学家。在阿黛尔啜泣着上床睡觉以后，我听到妈妈小声对爸爸说："马丁，你今天是不是有点过分了啊？生活在沙漠中的人没有水喝跟阿黛尔有什么关系呢！"

人人都会犯错，但是生活就是如此。

第6章　啵啵的手机

可能天下的爸爸都一样，对无故亮着的灯会非常敏感。

有一次我在啵啵家玩的时候，啵啵的爸爸正朝儿子发火："安迪，你告诉我，为什么我们家里跟拉斯维加斯一样灯火通明？不管你走到哪里，都不知道关灯。你以为我是天天跟在你屁股后面给你关灯的吗？"啵啵的爸爸是个个体户，开着一家非常非常小的作坊，给别人定做桌子、床和橱柜之类的家具。因为他的手艺很好，所以每年他的订单早早就排满了，可是，他只有两只手，所以把大部分时间都花在了小作坊里。

啵啵一家在克罗地亚度过了两个星期的假期，回家后却发现家里灯火通明。你可以想象一家人的惊慌失措。原来，出发前，啵啵在上完厕所、在厨房喝完饮料之后都没有关灯。不管白天黑夜，这些灯就这么一直亮了两个星期。啵啵的爸爸气晕了，直勾勾地看着啵啵，但是他很快冷静下来。啵啵看爸爸没有发火，也松了一口气：谢天谢地，看来老爸这两周玩得不错，不然他可饶不了我。

我又想到了爸爸的那句煎蛋名言，感觉啵啵这件事还没有完。

三个星期以后是啵啵的生日，他一直盼望着这个生日，因为爸爸妈妈答应在生日的时候送给他一部新手机。到了生日这天，啵啵果然收到了一个手机大小的礼品盒，外面还打着蝴蝶结。啵啵兴奋地把盒子拆开，但他看到里面的东西时，惊讶得下巴都快掉下来了。原来，盒子里除了一张写满字的信纸，什么也没有。信上写着："亲爱的安迪，很抱歉地告诉你，用来买手机的钱，有三分之二花在了那些浪费的电费上了。下面为你列举了电费的具体花销。我们没法用剩下的钱买三分之一的手机，所以这次手机就买不成了。爱你的爸爸。"

电费花销详情：

· 1度电的费用是5克朗；

· 100瓦的灯泡每小时用0.1度电，也就是说每小时的电费是0.5克朗。

· 你让8个灯泡一直亮着（卫生间1个，客厅4个，厨房3个），每小时的电费就是4克朗。

· 两个星期的总电费是4（克朗）×24（小时）×14（天）=1344克朗。

· 如果每天晚上（大约8小时）你都让一个灯亮着（壁灯，卫生间、客厅或厨房里的灯），一年下来大约就要花费1460克朗。

就像我之前说的那样，煳了的煎蛋是会冒烟的。

第7章 不要把事情复杂化

我们的家人还有杰克爷爷和米莉奶奶。有时候，在手球训练结束，很饿的时候，我和小伙伴们会到他们家蹭饭。爷爷说我们就是一群蝗虫，奶奶把家里所有能吃的东西都拿出来堆在我们的面前，通常是三明治或火腿鸡蛋意大利面，还会配一些自家腌制的小黄瓜和杏梅酱。我们狼吞虎咽，把所有的东西都塞到肚子里，有的时候米莉奶奶还会从烤箱中拿出一些小蛋糕，我们会在十分钟之内把它们全部干掉。

爷爷和奶奶总是跟我唠叨如何像农民那样运用常识。为什么要像农民那样，而不是像医生那样呢？奶奶又不是农民，她现在已经退休了，退休之前她一直在一家花店工作。我知道大多数农民都没有上过学，没什么知识，因为他们要耕地、种庄稼、照顾家禽和农场，所以没有时间上学。但这并不意味着他们不聪明，事实上，恰恰相反。

农民们信守一些简单的逻辑规律，他们知道什么时候人们在说一些蠢话，他们也明白哪些人想要戏弄他们，想得到他们的钱。许多人即使上过大学，也不见得拥有这些农民所拥有的常识。有一些自以为聪明的人总是把简单的事情复杂化，发明一堆复杂的术语，制造一些烦琐的流程，而不是去找简单的解决问题的方法。想要听个例子吗？

亚当讲了一个新故事……

 **第8章 两家肉店告诉我们的道理**

我们街道上有两家肉店。一家总是空空的，没有顾客，另外一家总是挤得满满的，店员们忙得不可开交。米莉奶奶曾经问我："亚当，你想去哪家店买肉？"

"当然是去没人的那家，我就不需要排队了。"

"你错了，"米莉奶奶笑道，继续向我解释，"一个聪明的农民会去挤满了人的那家店。你知道为什么没人去那家空荡荡的店铺吗？因为他们对那家店失去兴趣了，很有可能是因为那里的肉的味道不好，看起来也不太吸引人，服务员不仅不给你什么好的建议，还会把那些卖相不好的肉硬卖给你。店主就像个骗子。

"而生意好的这家肉店老板从不糊弄那些不懂分辨肉质的顾客，他不仅不会嘲笑那些连鸡肉和猪肉都分不清的女士，还会给她们提供好的建议。老板的好口碑很快就传开了，这对做生意是非常有好处的，顾客们相信下一次他们还会买到质量好的肉。

"即使生意不好的店铺的老板天天在电视上做广告，聪明的农民也不会来买他的肉！他们只相信自己看到的，所以最好的广告就是让顾客满意。"

在米莉奶奶看来，农民的这些常识也适用于理财。跟我们一样，聪明的农民们也会在电视上看到这样的广告，衣着时尚的业务员们大声叫喊："贷款！贷款！贷款！我们是您的好朋友，会为您提供最低利率的贷款，让您马上拥有新的电脑、手机和衣服，而且会给您一年的时间来还款。"聪明的农民会说："他为什么这么大方地借钱给我呢？因为他喜欢我？别开玩笑了。每一个像他那样在电视上做广告的人都是为了自己的好处。"

预期支出和意外支出

除了不轻易贷款，农民们一直都明白应该把钱分成三堆：

1. 一堆用来维持生活的日常花销。
2. 一堆是为未来预留出来的钱（积蓄和保险）。
3. 一堆用以应对一些意外的花销。比如，如果牛突然死了，农民需要马上再买一头，而不能等两三周后银行放款了再去买。

下面该由阿黛尔讲故事了……

 第9章 我最喜欢国王

亚当的这帮朋友里面，我最喜欢的是马克·马德莱，他们都叫他国王。我喜欢他，不是像学校里的女孩说的那样，因为他家很有钱，而是因为他人很好，在路上遇到我的时候，他不会假装不认识我。亚当其他的那些小伙伴根本就不搭理我。我对钱的事也不太了解。国王从来不穿名牌和很特别的衣服，我也从来没听说过他炫富。他这么与众不同，可能跟他有一个姐姐和一个妹妹有关吧？他的姐姐阿加莎在英格兰上学，只在圣诞节和夏天的一段时间回家。他的妹妹芭芭拉和我是同班同学，我们一起学芭蕾，是好朋友，因此，我经常去马德莱家。另外，我爸爸和马德莱先生有时候也一起出去骑自行车。他们说，这样做是为了控制体重。

马德莱家的房子非常大，还有一个很大的花园。每次当我想要去凯蒂·奥特利家睡觉的时候，妈妈总是说："你会影响人家休息的。"凯蒂家在一个高层建筑里。可是，当我想去芭芭拉家睡觉时，妈妈就不会阻拦我。马德莱家地方很大，不用担心会影响别人的休息。

马德莱先生有自己的公司，主要是做一些跟螺旋桨、飞机有关的生意。跟我相比，芭芭拉很少见到她的爸爸，这真的有点不可思议！很明显，马德莱先生需要把所有的时间都放在工作上。

当芭芭拉跟我说这些的时候，我吃惊地问她："如果公司是他自己的，他为什么一定要这样呢？他为什么不把工作布置给员工以后就回家呢？公司是他自己的，也不会有人因为他迟到或早退而批评他。他想做什么就做什么呗。"

现在，我才明白了原因。

第10章 一个令人尊敬的商人不会撒谎

上次我在芭芭拉家睡觉的时候,马德莱先生来敲她的门。芭芭拉已经有至少两个星期没见过爸爸了,因为每天她还没醒的时候,马德莱先生就已经出门上班了,而等他回到家的时候,芭芭拉又已经睡着了。

这天,芭芭拉一下子从床上蹦了下来,搂住马德莱先生的脖子不撒手。开始的时候我有点不好意思。马德莱先生朝我眨了眨眼说:"小宝贝们,你们好啊。"

芭芭拉请求马德莱先生让我们再玩一会儿,但是他说第二天我们还要上学。最后他宣布:"我能为你们做的最好的事就是讲个睡前故事。"

我们对这个建议并不感兴趣,可是马德莱先生已经开始讲了起来:"小公主们,今天,我要给你们讲一个姜饼小屋的故事。你们为什么不高兴呢?今天我讲的

这个故事可不是给小婴儿讲的那种,是你们以前没听过的。"

我们真的没有听过这个故事,马德莱先生没有骗我们。芭芭拉说,他从来不撒谎。一个令人尊敬的商人会说话算数的,即使他没有签合同,而只是握了握手,他也会说到做到的。我要好好记住"令人尊敬"这个词。

第11章 你没听过的姜饼小屋的故事

你知道吗?女巫并不是一开始就有姜饼小屋的。曾经,她走了很长的路才来到姜饼小屋,之后就一直给一个叫杰里米的姜饼糕点师**打工**。她做的姜饼是整个王国里最好吃的,杰里米对她大加赞赏,女巫也非常开心。每个月,她的薪水都会打到账号里。她甚至闭着眼都能做姜饼。虽然每天回到家的时候都会非常累,但是她的脑子是清醒的。她每天晚上都会摆弄她养的花,有时候也会出去跟女巫朋友们一起喝茶聊天。

有一天,女巫的朋友们对她说,杰里米给她的工钱太少了,是在糊弄她。以前,女巫可从来没想过这些。她的朋友们老是鼓动她,于是,她去找杰里米,要求涨工资。

杰里米说,他很想给她涨工资,可惜不能涨。因为如果他给女巫涨工资,就只能让别人离开。那样的话,留下来的人还要承担离开的人剩下的工作,这样对谁都不好。女巫心想,这简直是胡说八道,但是她没有说出来。她还是一如既往地为杰里米打工,但她没有以前那么快乐了。她心想:我一直都在为他工作,可是我得到什么了呢?除了脊背累得疼,其他什么也没有得到。而他呢?他给自己盖了一座房子。

姜饼店老板杰里米觉得他的姜饼已经足够多了,挣的钱也足够多了,而他现在很累。他这一辈子除了烤蛋糕，哪里都没去过，因此他决定在他还有力气的时候到其他地方去看看。于是，他把店铺关了，给了他的员工一笔遣散费，然后去了海边。

 女巫开始自己创业

女巫的丈夫魔术师也为这家姜饼店打工。这样一来，他俩就都没有工资了。刚开始，他们两口子骂杰里米没有良心，自己的钱包鼓起来后就不管工人们了。可老是这样骂，也挣不到钱啊！他们开始考虑接下来怎么办。一开始，他们去其他公司找工作，但是这些公司想要的是那些知道如何找到金子的小仙女和精灵。女巫和魔术师的年龄都大了，而且他们不知道如何找金子，只知道如何做姜饼，可是没有姜饼公司想要招新工人。

有一天，两口子聊了起来：既然杰里米能够通过做姜饼发财，他们为什么不能呢？他们也要自己做姜饼，卖姜饼。于是，一个做生意的计划诞生了！他们拿出了杰里米发给他们的遣散费，又加上了自己的一些积蓄。（**遣散费**是指老板在解雇

工人的时候发给工人们的一笔钱,在第20章我们会详细介绍。)

最重要的是,他们记住了做姜饼的所有**诀窍**——只有通过多年的工作经验才能积累下来的知识。他们搬到森林里,用树皮和原木做了一间自己的小房子。这个小房子现在还不能算是姜饼屋,因为他们一个姜饼都还没做出来呢。他们来的时候只带了一只叫乔西姆的猫,这只猫喜欢吃甜食,将来会成为他们的首席品尝师。这只猫对食物非常挑剔,所以女巫和她的丈夫相信,将来他们做的姜饼的质量要靠这只猫了。如果它能喜欢,那么他们做的姜饼肯定会受到所有人的欢迎。

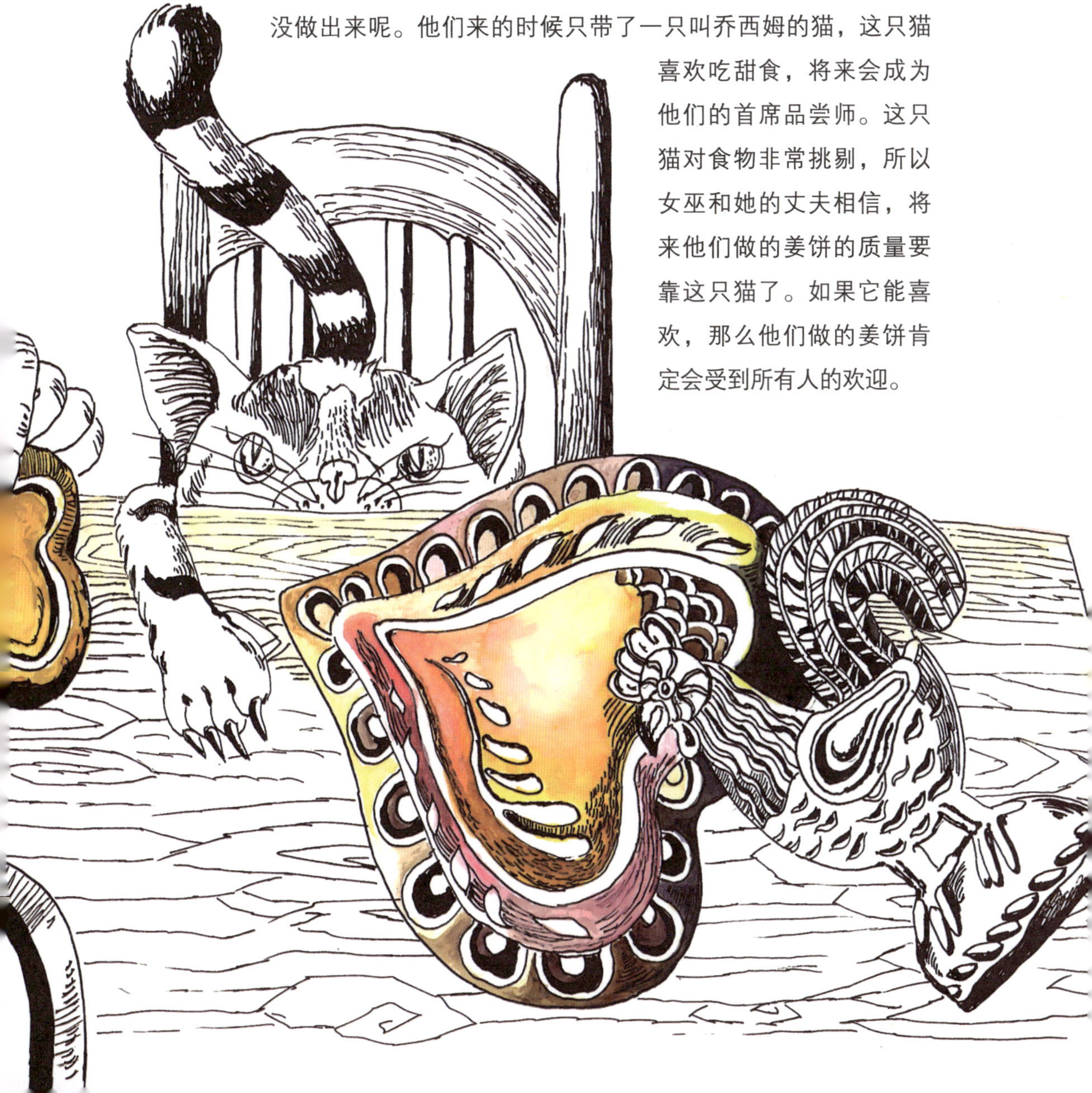

女巫和魔术师用他们的积蓄做了这些事:

1. 购买了做姜饼所需的原材料。
2. 找人垒了一个炉灶,因为他们自己不会。
3. 买了一些母鸡用来下蛋,还买了一头奶牛用来挤奶和炼奶油。

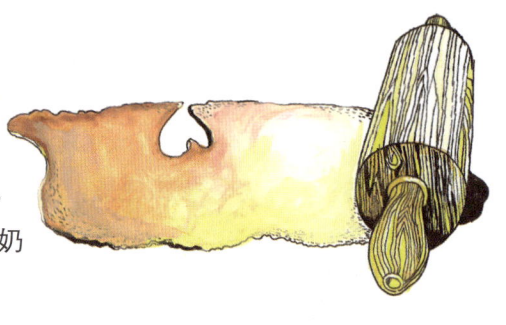

有些活不需要花钱,他们自己就做了:

1. 从早到晚,他们一直在揉面团,捏成各种形状,并用姜片进行装饰。
2. 不做姜饼的时候,女巫就去照看母鸡和奶牛。
3. 魔术师到森林里捡一些松果和木头用来烧火,或者找一些蜂巢,用里面的蜂蜜做姜饼。
4. 夏天的时候,女巫和魔术师会采集一些树莓、蓝莓和草莓,把它们做成果酱,放到姜饼里。

他们俩要把一天中所有的活儿干完,用时可不止8个半小时,至少需要12个小时。即使是周末,他们也不能休息。除了自己做,他们没有别的办法。但是,通过自己动手,他们降低了生产成本。另外,女巫还要洗衣服、熨衣服、做饭和洗洗涮涮,而魔术师要到城里去卖姜饼。

第13章 卖姜饼

女巫和魔术师最大的担心是姜饼能不能卖出去。个体户就是这样,他们费很大的劲把产品生产出来,但是要花费更大的力气把这些产品卖出去。

在**销售**中，如果你做的东西的成本超出了你能卖掉的价格，你就会赔本。

每个星期，女巫会把所有的姜饼放到小筐里，魔术师骑着他的飞天扫帚，把姜饼带到市场。这个扫帚太旧了，已经修理了很多次，有时候会飞得非常慢，魔术师甚至担心它会从天上掉下去。但是，既然这个扫帚还能用，他就不想再买个新的，这样就可以省去一笔**不必要的花销**了。把姜饼卖出去以后，魔术师会用这些钱买一些调料和一些他们自己不能种的东西，用来做下一批姜饼。

魔术师还得留出一部分钱，以备不时之需，比如，万一烤箱坏了，需要再买个新的或花钱修理。

第14章 市场上总是充满竞争

当然，魔术师并不是唯一在市场卖产品的人。市场里有很多摊位，有卖衣服的、餐具的、水果蔬菜的，还有卖肉和香肠的，但是魔术师只对那些卖甜食的摊位感兴趣。因为这些人是他的**竞争对手**。如果有人买了蛋糕或脆皮饼干，他们可能就不会买他的姜饼了。因此，魔术师在摆放摊位的时候，会尽量与其他卖姜饼或卖蛋糕的商贩离得远一点。他会想方设法来吸引顾客，这些方法都属于**经营策略**。

他还需要好好考虑为自己的产品定价。定价不能太低，最起码要收回**成本**，成本就是他们在生产姜饼时耗费的原材料的费用，以及他们的人工费。

顾客都想尽可能少花点钱，但是魔术师明白，如果他的产品太便宜，顾客可能不会觉得这些产品有多好，甚至会认为便宜没好货。女巫和魔术师的姜饼这么便宜，说不定他们在姜饼里放了老鼠。可是，如果姜饼的价格太高，顾客就不会来买了。所以，他的定价必须既能让顾客来买他的姜饼，又能赚到钱。

当然，他首先要看一下其他卖姜饼的商贩如何定价。如果这些卖姜饼的商贩中有一个人的定价比其他人的便宜很多，就会影响其他人的定价。降价容易提价难。如果他的定价高于其他人，顾客们就会去别的店了。

第15章 广告

作为商人，魔术师有一个很大的缺点：他长得太丑了。很多女孩都不愿意看他，更别说从他这儿买姜饼了。魔术师知道自己不能像那位卖脆皮饼干的商贩那样，靠外貌来吸引顾客。那个卖脆皮饼干的商贩，年轻、身材又好，尽管他做的饼干很硬，可有一些女顾客根本不在乎，就愿意买他的饼干。

虽然魔术师指望不上自己的外貌，但他知道外貌很重要。因此，他决定把自己打扮成一个和蔼可亲的老爷爷，看起来像是做了很久的姜饼的样子。这样的话，人们会认为他做的姜饼是最好吃的。这就是**营销**和**广告**。

但是人们并不傻。如果一开始人们看好某位摊主，就会争着去买他的东西，但是如果他的产品质量让人失望，人们就会很生气。为了让顾客们开心，女巫和魔术师必须保证他们的姜饼是整个市场上味道最好的！只有这样，他们才能打出名气，在顾客中树立好的口碑，口口相传。同时，人们也不会再因为魔术师鼻子上的小疙瘩、罗圈腿和驼背而嫌弃他的姜饼。

> 看下一章之前，我们来想一想为了卖姜饼，魔术师需要做哪些事？

第16章 卖东西时需要做的事情

总之，到目前为止，**魔术师需要做这样一些事情：**

- 找到一个好摊位。
- 为姜饼定一个合理的价位，不能太便宜，也不能太贵。
- 跟其他卖姜饼的人商量好价位，卖的时候都不能低于这个价位。
- 尝一尝其他摊位姜饼的口味，跟竞争对手做一下比较。
- 看起来老一点，卖东西的时候和蔼可亲，让顾客们感觉他的姜饼是世界上最有经验的人做的。
- 把他的"世界上最好的姜饼"卖出去。

但是这些还不够，魔术师还要注意观察哪种姜饼卖得好，是树莓果酱的，还是蜂蜜的。回家以后，他要让女巫多做一些需求量高的。

当最后一名顾客离开市场的时候，魔术师累得两脚生疼，头晕眼花，在朝顾客笑了一天以后，他嘴都累僵了。他要把没有卖掉的姜饼收拾起来（如果运气好的话，不会剩很多），然后把小筐挂在扫帚上，飞回家去找女巫。晚饭的时候，他们就吃那些碎了的、没有卖掉的姜饼。一个人一旦开始创业，会把所有的精力都投入进来，最后才考虑自己的需求。

如果你认为魔术师在吃完晚饭以后马上上床睡觉，那你就错了。他会拿出一本黑色的账本，记下今天卖了多少姜饼，还剩下多少，收入是多少，以及扣除成本以后还剩下多少钱。只有做完这些，他才能去睡觉。因为太累了，他会睡得很沉。

 第17章 最初的三年

女巫和魔术师就这样没日没夜地忙活了三年。他们烤姜饼，卖姜饼，并想着怎样做出更好的姜饼来吸引新的顾客。他们周末不休息，更别说假期了。女巫只有在非常累的时候，才会躺在苔藓上打个盹儿。她有点后悔了，觉得自己错怪了原来的老板杰里米。现在她才意识到，当时她的工资已经不算低了。更重要的是，那时候她根本不用操这么多心，只需要按时上班，老板让她做什么她照做就好，还可以按时领工资。可是现在呢？除了她和丈夫辛辛苦苦亲手挣来的钱，他们什么也没有了。不过，她也有开心的事。虽然她和魔术师年龄越来越大，工作也很辛苦，但他们的生意越来越好，名气也越来越大。

一天晚上，在吃饭的时候，魔术师说："我们建一间属于自己的姜饼屋吧？我在市场上说一下这个事，然后请八卦鸟免费吃一次姜饼，并给他们一些小礼物，这样他们就可以把我们开姜饼屋的事在森林里宣传一下。"这就是**公关**，也叫**公共关系**。

"如果我们的想法足够独特新颖，销量就会增加。"魔术师补充道。

女巫有点拿不定主意，最近他们的生意不太景气，她打算尝试一下。在接下来的几个月里，他们集中精力盖了一间姜饼屋。

 第18章 女巫的"朋友们"

最后，除了一些小问题，姜饼屋的开业典礼基本都准备好了。虽然女巫和魔术师很累，但他们还是不能停下来，他们要准备开业时的讲话，还要写一篇介绍姜饼屋的文章，让那些八卦鸟们了解姜饼屋的情况。

这就是**新闻发布会**。

正在这时，女巫的朋友们来参观她的姜饼屋。女巫已经好久没见她们了，她们有好几个月没坐在一起喝茶聊天了。开始的时候，朋友们还能偶尔来森林里看她，可是见面之后却常常苦恼女巫与她们无话可说。

女巫不再对金发姑娘的谣言感兴趣了，还说金发姑娘不过是戴了假发而已。她也不羡慕灰姑娘嫁了一位富有的王子，过上舒适的生活了。她只想聊一些美好的事情。有好几次，她问朋友们，能否帮她把姜饼从烤盘装到食品筐里，而且会给她们报酬。朋友们对此不屑一顾，生怕弄坏了自己的指甲。其中，有位小气的朋友还说："只有那些愚蠢的人才会用手去干活。"但其实，就连女巫的猫乔西姆都比这个小气朋友聪明一百倍，只有那些从没干过任何体力劳动的人才会瞧不起劳动。

不过，这一次女巫的朋友们带着友好的笑容来到姜饼屋，虽然她们只是想看一下女巫和魔术师的小店是不是快要倒闭了。如果倒闭了，恰好能满足她们狭隘的内心。因此，当她们看到姜饼屋的生意很红火时，嫉妒得脸都绿了。在女巫向朋友们展示她和丈夫的劳动成果时，她忘记了这些朋友们的德行，犯了一个不小的错误：她竟然把她们请到店里喝茶，吃姜饼。女巫的朋友们露出妒忌的表情，她们相互嘀咕了一阵说："我们不吃甜食，不然就会胖得像你一样。"当女巫转身的时候，她们竟然朝揉面机里的面团吐痰。

这也是做生意过程中必须经历的：虽然有很多人并不知道我们付出了多少辛苦的劳动，但他们会嫉妒我们取得的成绩。在女巫和朋友们关系破裂时，她伤心地哭了，但是

魔术师告诉她，她应该庆幸摆脱了这样一群朋友。可是，更糟糕的是，到了晚上，他们听到了咯咯的声音。

一开始，女巫夫妇是被猫咪乔西姆的叫声吵醒的。他们赶紧从小木屋里出来四处查看。他们看到女巫的朋友汉塞尔和格蕾泰尔正在屋顶上。这两个**小偷**正在偷他们的**财产**——姜饼。魔术师向他们伸出手杖，小偷们吓得赶紧跑了。后来，这些满怀嫉妒的朋友到处散播谣言，说女巫要把她们放到烤箱里烤熟。

 **还有很多事情要做**

幸好，魔术师自己会修屋顶，第二天一切收拾妥当后，他们又开始营业了。八卦鸟们接受邀请来到姜饼屋，高兴地吃着免费的甜点。吃完以后，八卦鸟们挺着圆鼓鼓的肚子，费劲地飞了回去。他们很快把姜饼屋开张的消息传开了，渐渐地，姜饼屋里就挤满了慕名而来的顾客。

可问题又来了：现在顾客们对姜饼的需求量太大了，女巫和魔术师自己根本做不出这么多姜饼。他们需要雇两个帮手，也就是说：

1. 魔术师的账本越来越复杂了。他需要挣足够多的钱来给员工开工资，还有人会监督他不能逃税漏税。

2. 女巫和魔术师必须教会这些新员工如何独立地烤出同样好吃的姜饼。他们还必须监督这些员工，因为这些新员工有时会想：这又不是我的生意，反正女巫和魔术师比我挣得多，我怎么省劲怎么做。

3. 女巫以前的那些朋友肯定不想看到她的生意越做越好。她们会指使卫生局的人来检查，做姜饼的人的手是不是干净，烤箱是不是卫生。她们会造谣女巫在姜饼里添加的是兔子屎，而不是坚果。

这些让女巫和魔术师意识到杰里米真的是个好老板，他们很乐意跟他讨论生意上的事。只有当自己创业的时候才意识到做生意根本没有那么简单。

第20章 遣散费

听完马德莱先生这个奇怪的故事后，我和芭芭拉就睡着了。第二天六点半我们醒来时，马德莱先生早就起来了，他早上会去跑步锻炼身体。这时，他正在厨房里剥橙子，榨橙汁，准备早餐。他笑着对我们说："两位小公主想要多吃点维生素吗？"

我笑了起来。在我看来，像他这样做生意的大老板，手下还管着那么多大人，居然还亲自为我们榨橙汁。我把我的想法跟他说了以后，他摸了摸我的头说："你怎么能这么想呢？"

"爸爸，当你解聘员工的时候，你会给他们遣散费吗？"

看来，芭芭拉的想法跟我差不多。

"会的，"马德莱先生严肃了起来，"你为什么要问这个呢？法律规定，对解聘的员工要补偿三个月工资，这样他们在找到另一个工作前也能维持生活。"

"让工人失业是你的不对，但是如果能够给他们一些补偿，你做得就对，是这样吗？"芭芭拉还是有点不明白，我也不太懂。

 **第21章 税收、工资总额、净工资**

马德莱先生把一大碗橙汁从厨房拿到了餐桌上，又拿了一只空碗放在一边。然后，他在一张小贴纸上写上"**政府**"，贴在了这只空碗上。

"孩子们，下面我来给你们演示一下。"他拿起一个橙子，开始剥皮。

每个被雇用的人都会得到工资。比方说，员工们同意把工资定在每月25000克朗，这就相当于一个橙子。但是这不意味着他们可以把整个橙子拿回家，这一整个橙子是他的**工资总额**。

1. 有三瓣橙子是所得税：政府要用这些税收支付学校的花销、维修和保养公路、养活警察和消防员等，没有这些设施或部门，社会就无法正常运行。

2. 有三瓣橙子是社会保险：孩子们，我不想把这部分讲得太复杂，但是你们要知道这里面有一部分钱是发给老人的退休金。还有一部分是员工们预交的病假工资——如果哪天他们生病了，不能工作了，就可以得到这部分钱。

3. 有两瓣橙子是医疗保险：当一个人生病了，政府会将这些钱支付给医院、医生和护士，用以购买必要的石膏绷带和支付手术费用。

马德莱先生把这八瓣橙子瓣下来，扔到了那个贴着"**政府**"的大碗里。

4. 剩下的橙子：只有剩下的这部分橙子才能由员工们自由支配。

如果一个员工的工资是每月25000克朗，那么他们的净工资可能只有

18000克朗,这些钱会直接打进他们的银行账户。

一个人的工资越高,他交的税、社会保险和医疗保险就越多。

 第22章 老板的责任

"阿黛尔,你刚才是不是很吃惊,我是一个大老板,却还要亲自给你们榨橙汁,准备早餐?"芭芭拉的爸爸继续说,"很多人觉得我们当老板的凶神恶煞,可以随意招聘和赶走员工。其实,事实不是这样的。每个人都认为他们的

工作应该得到更多的报酬，这是很自然的事情。但是很多人只看到了打进他们账户里的工资，而没有想到老板为他们支付的其他费用。有些员工根本不知道，除了给他们发工资，公司还要替他们交**社会保险**和**医疗保险**。这些费用就是**截留**。你的爸爸妈妈要从橙子里拿出一部分交税和保险。但是，老板们也需要拿出一大部分橙子来替员工们交费。截留是强制性的。如果一个公司的老板不给员工们交这些费用，他就要被抓起来。"

马德莱先生又拿了一些橙子说："每个月老板需要用这堆橙子给员工们发工资，可是没人关心老板从哪里弄到这些橙子。老板必须要找到客户，并跟他们签合同来保证有足够的钱给员工们发工资。"

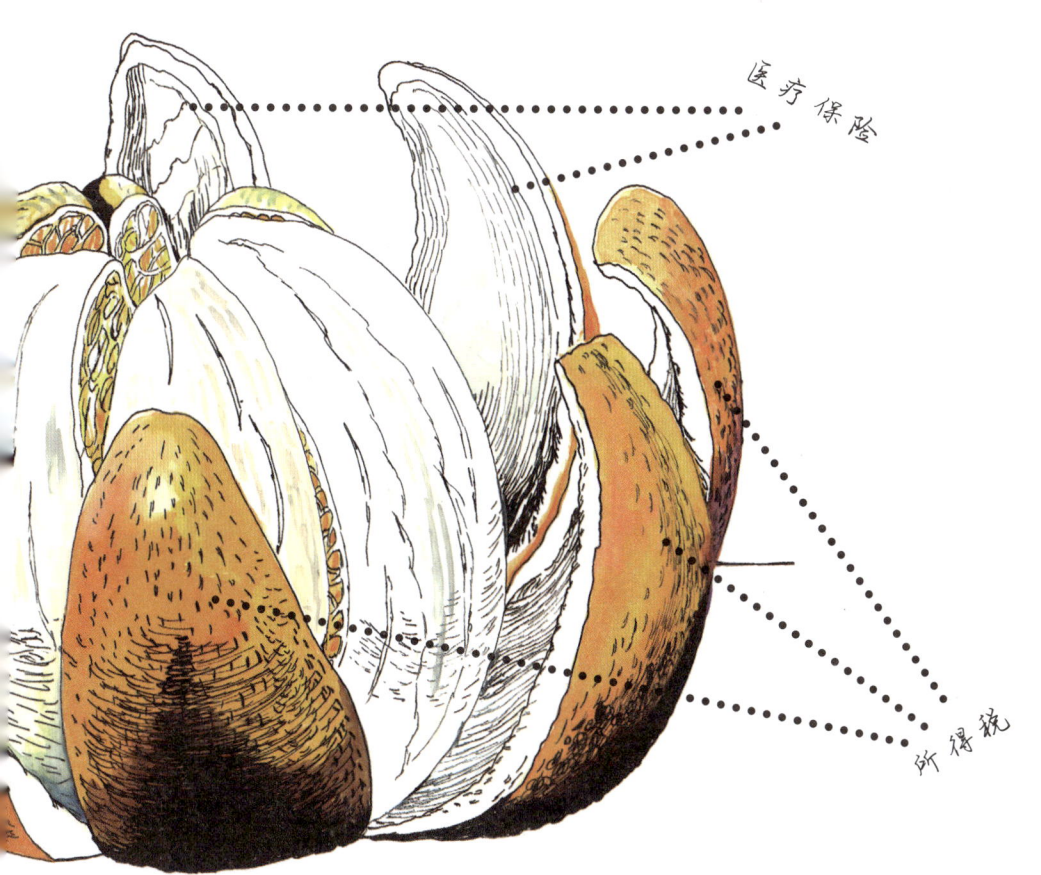

芭芭拉的妈妈马德莱夫人走进了厨房，有点生气地说："皮特，你在吓唬孩子们呢！她们还是孩子，不要让这些东西破坏她们美好的童年。"可是，我并没觉得这有什么不好，反倒是很高兴能够明白这么多东西。

 ## 第23章 银行

爸爸妈妈觉得我现在已经足够大了，可以听马德莱先生讲一些生意上的事情了。我自己也觉得自己够大了，可以了解一下银行是怎样运转的了。

银行跟其他公司一样也是为了挣钱。但是又跟其他公司不完全一样，因为它经营的不是面包卷、橙子和泳衣之类的商品，而是其他公司和人的钱，比如我爸爸妈妈的钱。当然，银行也是为了挣更多的钱。但是，我们没有必要生银行的气，我们的爸爸妈妈工作不也是为了挣钱吗？

没有人会强迫你把钱放在银行里！如果你愿意，可以像老人们以前存钱的方式那样，把钱藏在床垫里，或者在家里装个保险柜。

 ## 第24章 银行如何运转

妈妈说，银行主要靠人们存钱来运转，会付给存款人一定的利息。这是什么意思呢？约瑟夫·纽曼先生把100万克朗存到银行里一年。一年以后，银行

不但会还给纽曼先生100万克朗，还会额外支付纽曼先生3%的利息，也就是3万克朗。

纽曼先生从这笔存款里得到了什么好处？

纽曼先生即使坐在椅子上什么也不干，他银行账户里的钱也会自己自动增加3%。

银行会从这笔存款里得到什么收益？

银行会给像纽曼先生这样存钱的人报酬。来存钱的人越多，对银行越有好处。银行会把人们暂时存在银行里的钱再借给别人。别人从银行借了钱之后，要支付给银行利息，而且这些利息比银行支付给存款人的利息要高。

银行怎样利用纽曼先生的存款？

银行会按照10%的利息把纽曼存进来的钱借给约翰·绝望先生。一年之后，绝望先生要把100万克朗和10%的利息还给银行，总共要还110万克朗。

同样，一年之后，纽曼先生来银行把他存在银行的钱取走，按照之前的约定，他还可以多拿3万克朗。银行按照3%的利息把钱吸收进来，又按照10%的利息把钱借出去，这样就会剩下7%的利息。按100万克朗来讲，银行就会有7万克朗的收益。

在这一年里，银行还可以利用纽曼先生的钱做很多事情，比如买货币、债券、商品和股票。因此，银行可以用纽曼先生的钱挣更多的钱。

第25章 猫和老鼠

不只是人会把钱存在银行里，公司也会在银行里存钱。

公司法人们会把更多的钱存在银行里，银行也会因此挣更多的钱。

这是不是意味着，银行就像一只锋牙利齿的猫，而存钱的人就像一只无助的小老鼠呢？

　　当然不是。银行对存钱的顾客也要像对待借款客户一样。如果纽曼先生担心银行会把他的钱骗走不还，他就不会再和银行合作了。而且，他会把这件事告诉周围的人，人们也会赶紧把钱从银行里取走。如果所有的人同时从银行里取钱，银行就会破产。猫（银行）和老鼠（客户）相互依赖，因此他们要相互尊重彼此的需求：猫要抵制住诱惑，不能太贪婪，而老鼠要保证自己不会被吃掉。

第26章 保险

爸爸曾经告诉过我家里的配电箱的位置。配电箱里有一个断路器，我们也叫它"保险丝"。爸爸说，如果家里的电路出了问题，这个小东西可以保护我们，比如墙上的插座坏了或者家里同时开的电器太多，用电量过大，断路器就会自动断开电路，防止电路着火。每到这个时候，妈妈会说，保险丝烧了，爸爸会重新把它修好。

保险公司，就像妈妈工作的那家公司一样，向人们销售各种各样的"保险丝"——在我们发生不幸的时候，这些保险丝可以保护我们。我这里说的不幸，可不是指刚才说的电线短路。妈妈的工作对她影响很大，每次我们要出去度假的时候，她总会给我们买上一些旅游保险。我们收拾行李的时候总是不知所措，因为爸爸和妈妈直到快要出发的时候才下班回家。

亚当说："买保险会浪费钱。我们不会有事的。"

妈妈会假装没听到他的不满，继续说："不，亚当。如果我们能够像期望的那样，一切顺利，平安到家，即使花了这些买保险的钱，我也高兴。保险买的是内心的踏实。出事和不出事的可能性是一样的。但是，万一我们中有人摔断了腿，头被砸伤了或者患了阑尾炎，该怎么办呢？或者说虽然我们人没出事，但是行李箱却在机场弄丢了，该怎么办？发生这些事都需要花钱，我们可能会因此而负债，多年还不上。可是如果买了1000克朗的保险，我们最终可能会得到100万克朗！这1000克朗可以让我安心睡觉，愉快度假！"

人寿保险

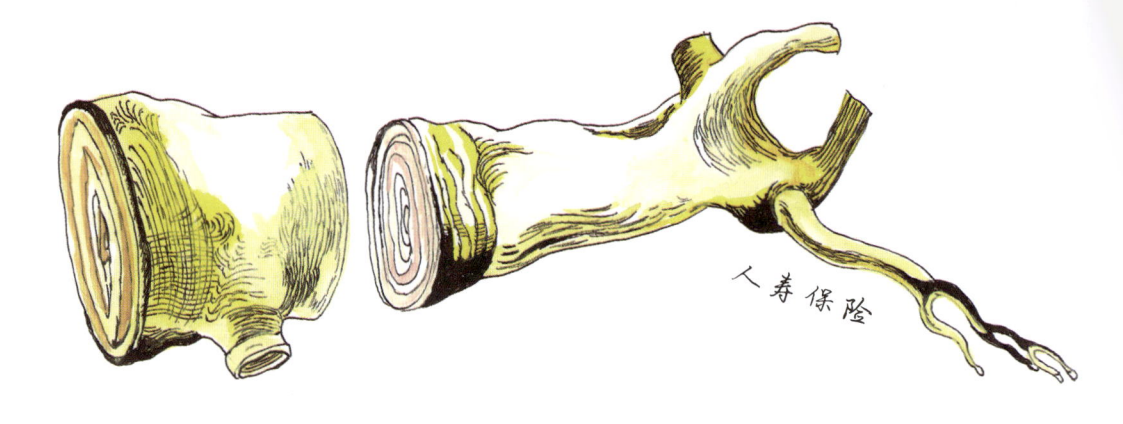

第27章 保险就像一棵树

妈妈说，我可以把保险想象成一棵树，这棵树有三根粗壮的也是最重要的树枝：

第一根树枝：人寿保险

假如我不幸得了绝症或是终身瘫痪，甚至死亡，我或我的父母可以通过这份保险得到一笔钱。

第二根树枝：财产保险

我可以给我的家和我所有的东西，比如我的房子和汽车，购买这份保险。如果有人（比如小偷故意地或邻居不小心）或有些事故（比如火灾或洪水）损坏了我的财产，保险公司会赔给我钱，用来修复这些财产或购买新的。

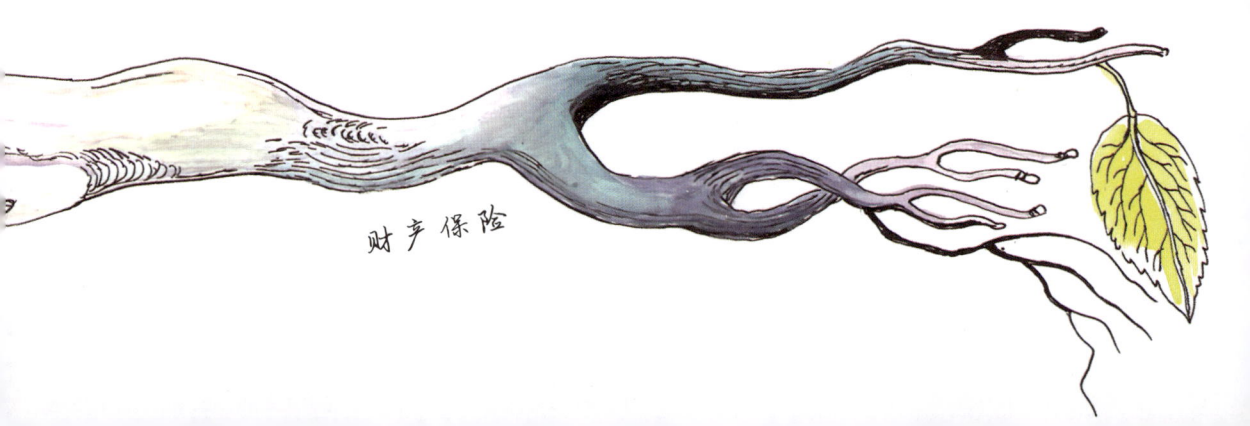

财产保险

第三根树枝：责任保险——专为防止愚蠢行为而设

如果我给别人造成了伤害，比如把别人的房子淹了，撞坏了别人的汽车或弄伤了别人，保险公司会替我赔偿这些损失或医疗费。

除了这三种之外，还有其他各种各样的保险，就像从这三根树枝上长出来的小枝杈一样。可是，我们如何确定需要哪些险种呢？这次，妈妈又要向智慧的农民求助了。

责任保险

第28章 智慧的农民如何决定购买合适的保险

智慧的农民知道你不可能对所有的事情都做好防范，如果真是那样的话，你就干脆别出门了，可是即使不出门，房子也有可能倒塌！如果这么想，你也别吃饭了，说不定会被一块干面包噎死；你甚至也不要洗澡了，有可能在浴缸里淹死，也不要出门散步了，万一绊倒了，把头磕到地上怎么办？

因此，智慧的农民会这么想：我买一些最基本的保险，然后在此基础上买那些我最担心的事情的保险。

首先，他会考虑那些可能给他带来最大麻烦和金钱问题的事情，并列了一个表：身体残疾，死亡，几个月内无法工作。接下来，他考虑其他问题，比如一些小的疾病。然后，他开始考虑细节：我需要买断肢险和感冒险吗？

他的答案是如果我没有积蓄的话，我应该买。但如果我有一些积蓄，在我生病时可以支撑一小段时间，那我只需买那些最重要的保险就可以了。那样的话，保费会更低，我可以用这些节余的钱做别的事。当然，我的积蓄至少要够花三个月。

举个例子：农夫把腿摔断了，需要在家休息五个星期，没法出去干活。到了第二个星期时，他急需用钱。当他打着石膏、躺在家里养病的时候，保险公司来询问事情的来龙去脉。只有当他能够**证实自己符合保险赔付的标准后**，保险公司才会支付赔偿金。而这些必须等到农夫的腿好了，拆掉石膏以后才能去做。可是，我们在生病的时候更需要钱。因此，农夫必须要有一部分积蓄来度过生病的这段时间。如果他有这笔钱，他就不需要买摔断腿的保险了。如何支配省下来的这笔钱就是他自己的事情了。如果一个人遭遇了事故，而且保险公司进行了赔偿，这就叫理赔。

第29章 如何不在这么多的保险里看花了眼

正如刚才所说，保险就像一棵大树，这棵大树有三根主干，还有一些小的树杈。很多小的树杈都是从"人寿保险"这根树枝上长出来的。我们来看看一位智慧的农民是如何挑选保险的吧。

第一根树枝：人寿保险

通常来讲，人寿保险的承保范围是死亡和事故导致的重大残疾，同时还能承保其他损失。保险公司的客户，也叫投保人，决定他（她）要投哪些险种。在饭店里吃饭的时候，我们可以只要肉和土豆，也可以再要除此之外其他的菜。投保就像点菜，智慧的农民会选择下面几种保险：

·死亡险（任何原因造成的死亡）

对我来说，最基本也最重要的事是万一我有个三长两短的，我的妻子和孩子不会没钱花。所以，我肯定会买这个保险。这个保险还包括在吃面包的时候噎死，在浴缸中淹死，以及房屋倒塌被砸死。

·残疾险（任何原因造成的残疾）

这也是很重要的一项保险，因为如果万一我发生了意外，无法继续工作了，我和家人需要有足够的钱维持生活。

·暂时性的事故伤害险

任何时候，我都有可能摔坏胳膊和腿，但是我必须要看清楚保险合同里都包括了哪些种类的伤害，因为保险公司只对这些约定好的伤害进行赔付。

·住院险（任何原因造成的住院）

不管因为什么住院，保险公司都会对我的住院费用进行赔付。

·一段时期内无法工作（一般投保30~60天的险种）

可能会有多种原因导致我无法工作。因此，应该在保险中加入这一种，从而弥补长期休病假所造成的损失。

第二根树枝：财产保险

如果有人或某些东西给我造成了麻烦，比如有人把我的车撞坏了，比如我的房子被淹了或烧了，或者我家被盗了，保险公司就会赔偿这些损失。当然，保险公司要调查一下，这些损失是不是由我自己的行为造成的。

　　如果我的房子所处的位置经常闹洪水，可能没有保险公司愿意为我投保，因为风险太大了。如果我家被盗了，保险公司会调查一下我家的锁是不是坏了，或者我出去度假的时候忘了关窗户。

第三根树枝：责任保险（防止一些愚蠢的行为）

　　这是一个非常重要的保险。如果我给别人造成了损失，比如我把邻居的房子淹了，不小心引起了一场森林大火，不小心伤到了我的朋友或把他的汽车撞坏了，保险公司会替我对邻居或森林的主人进行赔偿。但是这些损失必须是我不小心造成的，不是故意的。有意的破坏当然不会得到赔偿。

责任保险

财产保险

人寿保险

死亡险
任何原因
造成的死亡

残疾险
任何原因
造成的残疾

事故伤害险
暂时性的

住院
（任何原因造成的住院）

一段时期内
无法工作

死亡
残疾
事故
住院
无法工作

下面该亚当来讲了……

第30章 像鲨鱼一样

妈妈一看到电视上各种引诱人们贷款的广告就来气。她对银行的这种做法很反感，可让她更生气的是，她竟然听说有些公司也这么干。妈妈说，这些人是放高利贷的，一旦被他们缠住就很难甩掉。放高利贷是指有些人或公司把钱高息借给别人，比如借出去5000克朗，但是对方还钱的时候要还10000克朗，甚至更多。但是，这还不是最糟糕的。放高利贷的人知道借钱的人无法及时按照约定把钱还上，这样每耽误一天，借钱的人就要支付违约金。这些违约金会越来越高，不久以后，借钱的人可能每天就要支付500或1000克朗。这些放高利贷的人就像大鲨鱼一样，啊呜啊呜吃个不停。

举个例子：郁闷先生借了5000克朗的高利贷。

郁闷先生签了一份高利贷合同，答应会在一个月（30天）之内还清这笔钱，利息是百分之百。这就意味着，他愿意偿还10000克朗！合同里还提到，如果他耽误偿还，每拖延一天，他就要支付一定比例的罚金（比如每天200克朗）。

不幸的是，到了月底的时候，郁闷先生没有凑够还债所需要的钱。他还需要10天才能把钱凑齐。这让那些放高利贷的人非常高兴，这样他们不仅可以收回自己借出去的5000克朗，得到5000克朗的利息，此外还能白赚2000克朗的罚金。算下来，他们可以从郁闷先生那里挣7000克朗。这只是一笔数目很少的借款，如果有人借了50000克朗，他最后可能要还十几万克朗。虽然银行和顾客就像猫和老鼠，但双方的合作还是很愉快的。相比之下，放高利贷的人可不管顾客的死活，一点怜悯之心都没有。

对放高利贷的人来说，这不是生意，而是捕猎，不管多小的猎物，他们都不会放过。

第31章 为什么不幸的人会做愚蠢的事情

我忍不住问妈妈："那些向高利贷借钱的人是不是傻呀？"

妈妈看起来有点难过，她说："可能他们有些人是很傻的，可是还有一些人是被逼急了，从而不能理性地思考问题。就拿抛弃夫人来说吧。她有孩子，可是她挣得很少，而且她的前夫又不给她和孩子抚养费。她需要花钱买一些生活必需品，但是她没有积蓄。所以，她就犯傻借了高利贷。她心想，我知道我需要还更多的钱，但到月底还有一段时间，至少现在我可以睡几个安稳觉了。"

我忍不住说："她可真傻！"

"不，她并不傻，"妈妈打断我的话，"但是很多人在不幸的时候做事情可能会失去理智，不考虑后果，也不会长远地考虑。这也是我为什么很讨厌电视上那些高利贷广告的原因，他们会向抛弃夫人、失业先生和生病先生这样的人下圈套。亚当，现在你明白了吧？爸爸和我，还有爷爷奶奶一直在锻炼你，能省则省，要攒一部分钱，永远要把哪怕很少的一部分零花钱攒起来。钱多的时候也应该

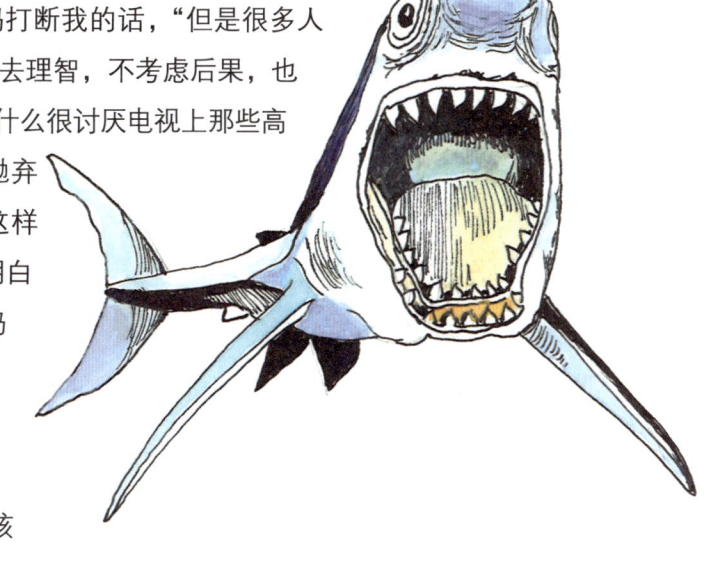

在支出一部分必要的花销之后攒一些钱。但是很多人的口袋里是留不住钱的，他们觉得以后挣钱的机会多的是，所以就随意花钱，但是人的运气都是时好时坏的，谁都不可能总是一帆风顺。"

第32章 不要对鲨鱼抱有幻想

我还有一件事不太明白。既然抛弃夫人和郁闷先生生活这么困难，也没有积蓄，他们为什么不从银行借钱，而是把自己送上门，让放高利贷的敲诈呢？妈妈说，这正是高利贷狡猾的地方。银行的工作人员在借钱给顾客之前会进行审查，确保这些借钱的人能够把钱还上。他们需要知道这些人挣多少钱，家庭开支有多少等等。在精确计算之后，他们会得出结论："我们确信，抛弃夫人是一位好女士，好妈妈，但是我们很抱歉，我们不能借给她钱，因为她没有能力还钱。"所以，银行一分钱都不会借给抛弃夫人。虽然银行的做法让抛弃夫人很难过，但也是可以理解的。拒绝给她贷款，既可以省去她还利息的麻烦，也可以减小银行的风险。放高利贷的人才不会在乎抛弃夫人挣多少钱，也不在乎她需要多少。他们只关心如何让她上钩，并尽可能得多从她身上捞油水。因此，他们会借钱给她，并让她相信，可恶的银行拒绝借钱给她，只有他们会好心地帮她渡过难关。

妈妈的结论：

· 从小就要攒零花钱。如果你能坚持这样做，就不用去借高利贷，也不会欠别人钱。

・赊账和没有钱没什么两样。如果你去买东西的时候跟人家说，我下次给你钱，没人会把东西卖给你。

・如果你不能攒钱，就无法偿还债务。

第33章 大人们说一套，做一套

对于债务，我还有些话要说。我觉得国王的爸爸生意做得那么好，应该对理财非常了解。可是国王却说，曾经有段时间，他爸爸从银行借了一笔钱以后，晚上老是因为这些债务愁得睡不着。我妈妈也曾说过，在她和爸爸刚结婚的时候，尤其是我刚出生的时候，他们也从银行贷过款，用来买洗衣机和冰箱。

这就意味着他们也曾经有债务。爸爸妈妈总是跟我和阿黛尔说"千万不要欠债"，可他们自己却有债务。我认识的人里面没有向别人借过钱的只有杰克爷爷和米莉奶奶了。这又说明了什么呢？债务是不是有很多种，而且债务是不是也有好坏之分？国王的爸爸从银行贷款是为了给公司买新机器。如果他不借钱买机器，他就要把一些订单推掉，这样挣的钱就少了。这样看来，债务可以分为好几种：**优质债务、良性债务、不良债务和危险债务**。

第34章 债务奥运会

1. 金牌：没有债务

无债一身轻！

2. 银牌：优质债务

优质债务是指那些能够让我们挣到更多钱的债务。像国王爸爸那样的商人

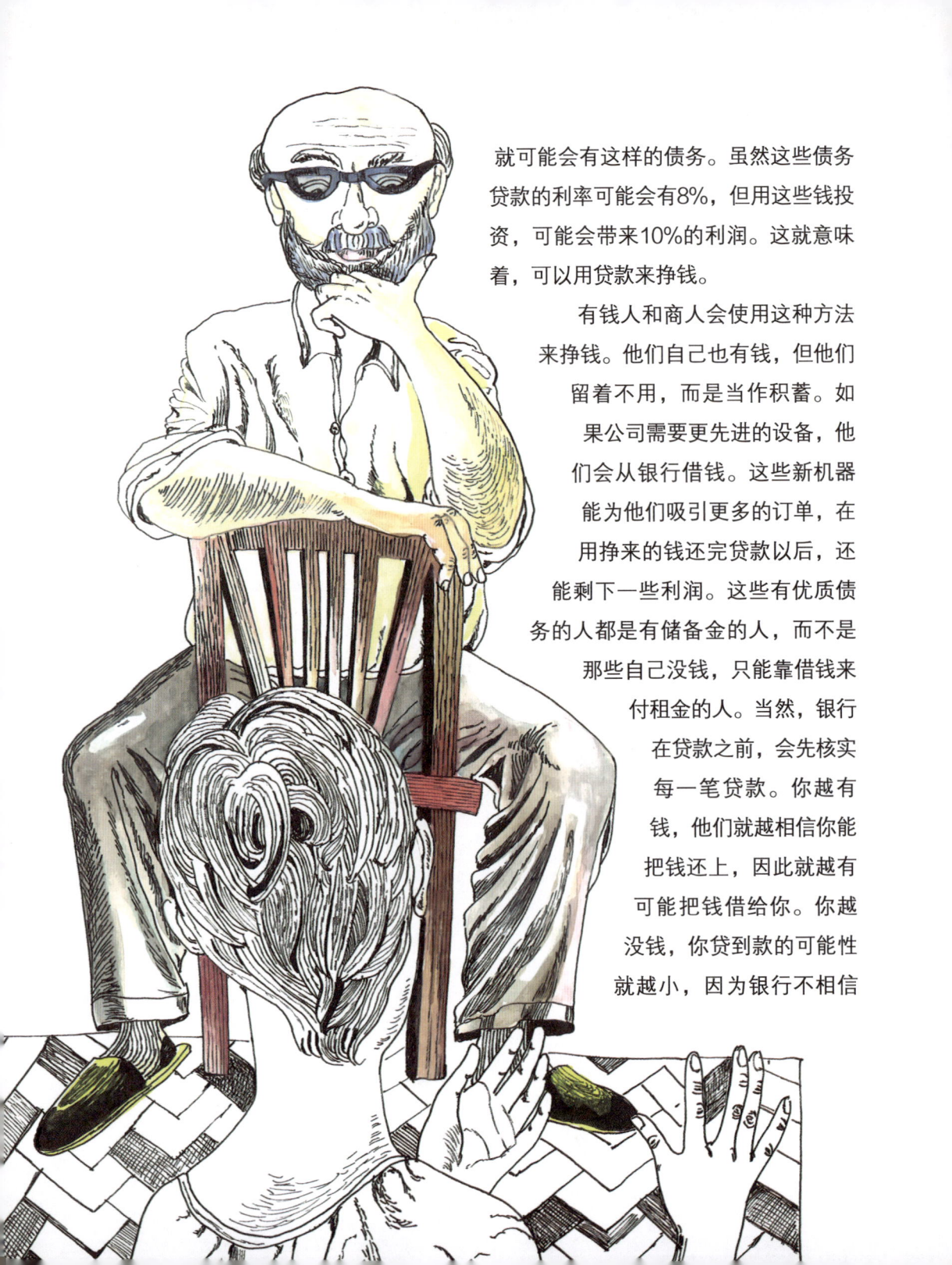

就可能会有这样的债务。虽然这些债务贷款的利率可能会有8%，但用这些钱投资，可能会带来10%的利润。这就意味着，可以用贷款来挣钱。

有钱人和商人会使用这种方法来挣钱。他们自己也有钱，但他们留着不用，而是当作积蓄。如果公司需要更先进的设备，他们会从银行借钱。这些新机器能为他们吸引更多的订单，在用挣来的钱还完贷款以后，还能剩下一些利润。这些有优质债务的人都是有储备金的人，而不是那些自己没钱，只能靠借钱来付租金的人。当然，银行在贷款之前，会先核实每一笔贷款。你越有钱，他们就越相信你能把钱还上，因此就越有可能把钱借给你。你越没钱，你贷到款的可能性就越小，因为银行不相信你能把钱还上。

3. 铜牌：良性债务

良性债务是指买生活必需品（比如洗衣机、冰箱之类的家用电器）而产生的债务。比如一个人现在需要买一台电脑用来工作，但是他又等不到攒够钱才买，因为他现在就需要用它来挣钱，他为了买电脑而欠下的债务就是良性债务。买车也是同样的道理，很多人如果没有车就没法工作，因此他们只能通过分期付款来买一辆。

4. 没有奖牌：不良债务

不良债务是指那些不能产生有用结果的借债。比如，我们借钱来度假、买圣诞节礼物或衣服。这些都不是生活和工作的必需品。

5. 没有奖牌：危险债务

危险债务会让我们在债务泥潭里越陷越深。这种债务包括未交的罚款、未还的银行贷款和高利贷。这些费用里面，如果有一些不交的话，有可能被送进监狱，比如不交税，不给员工交社会保险和医疗保险等。

6. 没有奖牌：存在变数的债务

这种债务只有经过一段时间才能看出是好是坏，比如购房按揭贷款。如果人们能够把购房贷款还上，那么这种借款就是良性债务，因为它为人们提供了住所。但是如果还不上，那么借款人可能就会后悔，不再还贷。那么这些人会失去自己的房子，而这些贷款就成了不良债务。

> 现在，你和亚当一样，已经初步了解了债务的相关知识了吧？接下来，我们通过卢克的故事进一步了解不良债务可能会惹来哪些麻烦吧！

第35章 卢克真的有麻烦了

就在我觉得我对债务已经很了解的时候，我的表哥卢克却真的惹上了麻烦。他住在布拉格，我们不常见面。去年，我的伯伯和伯母送他去美国学了一年英语。我妈妈说，这是让孩子去闯世界。现在卢克的英语非常棒，但闯世界嘛，还谈不上，倒是在他不在家的这一年里惹上了大麻烦。知道这件事的就他本人、爷爷奶奶和我。

这事幸亏没让阿黛尔知道，她可是什么事都跟别人说！她要是知道了，就像是给卢克挂了个牌子，上面写着"法院在到处找我"，这可是我们最不想看到的。

第36章 守口如瓶

我是无意间发现卢克的麻烦事的。那天在学校，我把一件很贵的外套弄破了，这可是我费了好大劲才让爸爸妈妈给我买的。一想到爸爸妈妈知道这件事后的反应，我吓得都不敢回家了。于是，我只好去了米莉奶奶家。虽然她肯定也会唠叨我不懂得爱惜东西，但是不会像爸爸妈妈那样教训起来没完没了。而且，奶奶会把我的外套缝一下，这样妈妈就看不出来了。当然，奶奶还会给我吃好吃的点心。

不过，奶奶家还来了一个人，是卢克，他正闷闷不乐地坐在厨房里。看到我来了，这位表哥吓了一跳，嘟囔了一句"我下次再来"，就想离开。爷爷没让他走，而是说："英语高手，坐在那儿，让亚当也听听你的故事。你们有一些同样的毛病，我看他说不定哪天也跟你一样……"

虽然杰克爷爷不像奶奶那样能说,但不管他说什么,我们都会老老实实听着。爷爷说:"亚当只要答应过保守的秘密,就肯定不会往外说,是吗,亚当?"

那是当然,我跟阿黛尔可不一样,我的嘴巴严着呢!

第37章 坐车不买票

卢克在布拉格乘公共汽车时常常没有买票,因此惹上了麻烦。他要么把公交卡落在了家里,要么忘了充值。3年间,他被检票员抓住了12次。每次被抓到,他都必须把身份证交出来,然后检票员会把罚单给他。他回家后对这事只字不提,把罚单藏到抽屉里,慢慢就把这事忘了。在去美国之前,这一切都相安无事。

后来,事情终于露馅了:他收到了一张18万克朗

有时候人会像闯进瓷器商店的大象一样，惹一身债务。

但是，亡羊补牢，未为晚矣。一定不要拖延！

的大罚单。傻乎乎的卢克是在无法从取款机取钱的时候才发现的。原来，布拉格公交公司把卢克的罚单交到法院了，而法院跟银行说，卢克已经欠了很多钱，要把他的账户冻结。后来的事情就可想而知了。法院会到卢克家把卢克父母所有的财产都贴上写有"没收"的字条。想想吧，卢克的爸爸妈妈会有什么反应！

厨房里静悄悄的，我听完以后觉得心里堵得难受，我从来没见过18万克朗这么多钱！最后，还是爷爷说话了："现在我也不问你为什么坐车不交钱了。我就想知道，当罚款还不算多的时候，你为什么不告诉爸爸妈妈？"

卢克低声说："我不想让他们担心。"

"可这种事能瞒得住吗？"爷爷更生气了，"你隐瞒了这么久，难道他们现在就不用担心了吗？"

爷爷奶奶让我们吃了一些东西，然后打发我们去了另一个房间。他们要商量一下。

第38章 签署还款合同

虽然他只能暂时躲一躲，但事实证明，卢克来爷爷奶奶家是最明智的选择。

"小伙子，"爷爷把我们叫到厨房，"我和奶奶都想好了，我们决定帮你一把。"

"太棒了！"卢克说。

"先别高兴太早了！我们可以帮你，但是有条件。"爷爷答应帮卢克把罚款交上，但在此之前，他们之间要签个合同。根据合同，卢克要把这些钱还给爷爷。合同里提到，卢克要用做兼职挣的钱还爷爷，每月还一次。

"不要跟我说现在没人让学生做兼职，"爷爷警告卢克，"你要想办法解决。万一真的找不到活，你得到我家来给我干活。去年洪水之后，我的小房子里有很多活等着干呢！"

爷爷还说如果卢克能把钱还上，这件事会就此打住。但是如果他违反了合同，那就不客气了。爷爷会把这件事告诉他的父母。更糟糕的是，从此以后，爷爷奶奶再也不会见他。任何人都会犯错误，但是只有胆小鬼和骗子才不敢承担后果。如果卢克也这样，他们就再也不会相信他了。

第39章 三思而后行

卢克总算松了口气，搂着奶奶的脖子给了奶奶一个吻。接下来他就开始找纸和笔，想要马上起草合同。

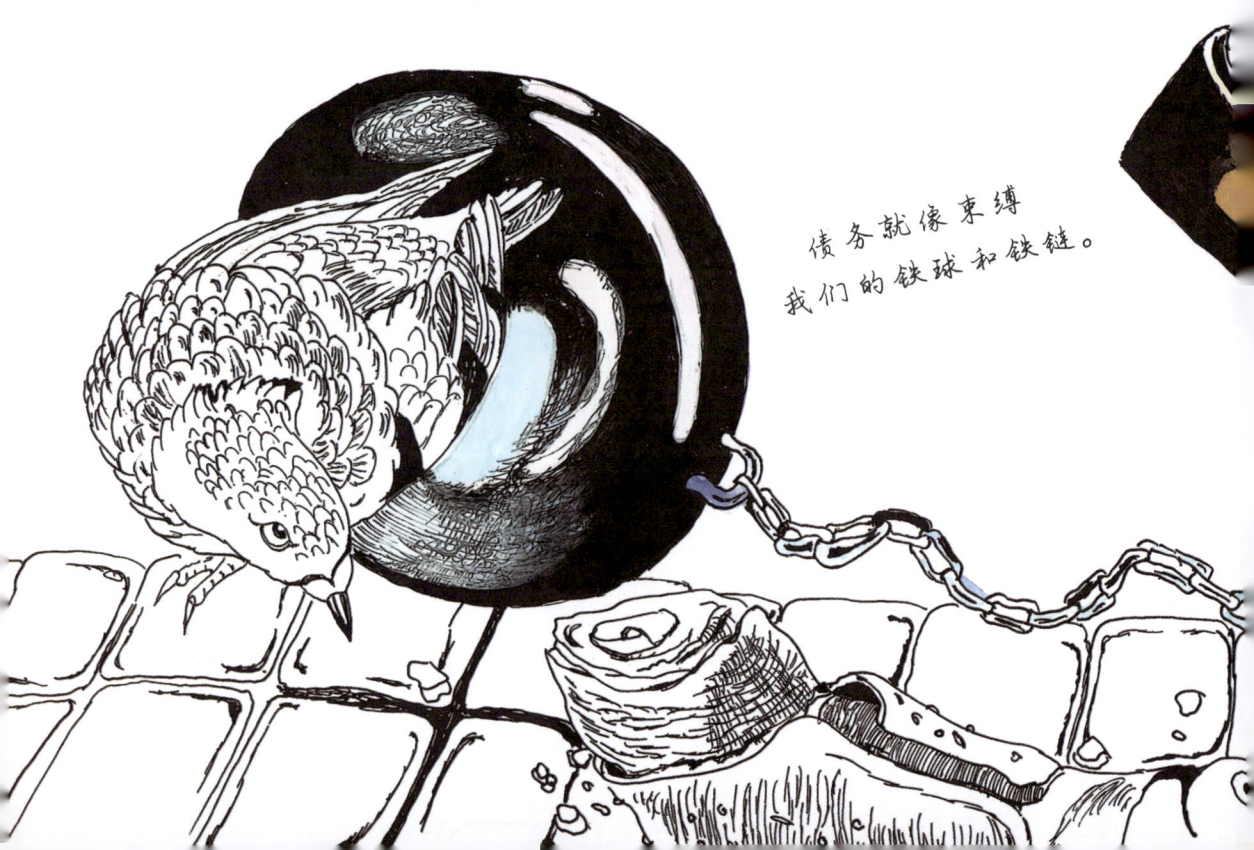

债务就像束缚我们的铁球和铁链。

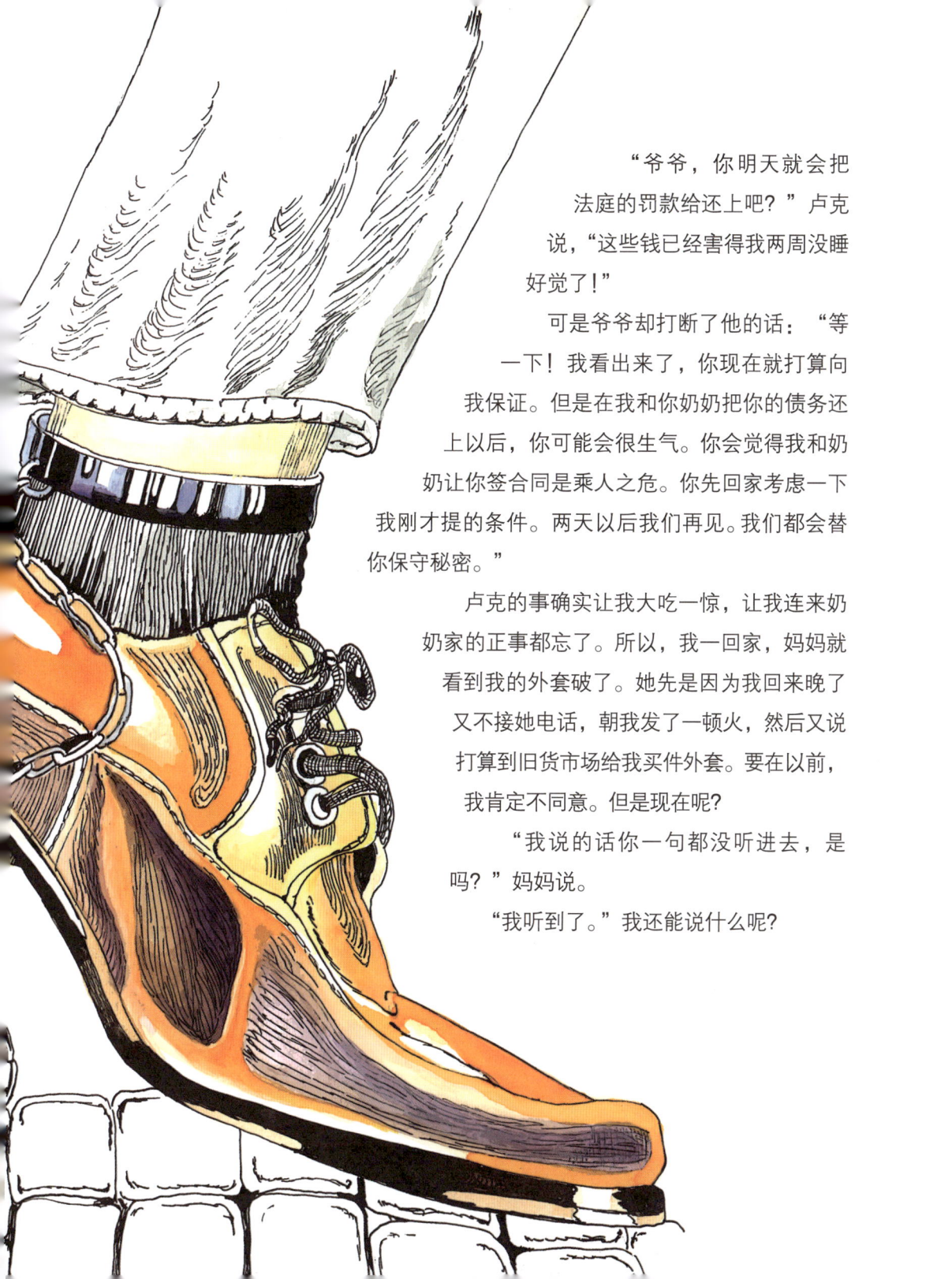

"爷爷,你明天就会把法庭的罚款给还上吧?"卢克说,"这些钱已经害得我两周没睡好觉了!"

可是爷爷却打断了他的话:"等一下!我看出来了,你现在就打算向我保证。但是在我和你奶奶把你的债务还上以后,你可能会很生气。你会觉得我和奶奶让你签合同是乘人之危。你先回家考虑一下我刚才提的条件。两天以后我们再见。我们都会替你保守秘密。"

卢克的事确实让我大吃一惊,让我连来奶奶家的正事都忘了。所以,我一回家,妈妈就看到我的外套破了。她先是因为我回来晚了又不接她电话,朝我发了一顿火,然后又说打算到旧货市场给我买件外套。要在以前,我肯定不同意。但是现在呢?

"我说的话你一句都没听进去,是吗?"妈妈说。

"我听到了。"我还能说什么呢?

第40章 一切都变了

爷爷帮卢克把钱还了，而卢克呢，也按照合同约定的去做。前不久，卢克的父母，也就是我的大伯罗杰和伯母安妮，来我家玩。

"自从他从美国回来以后就像变了一个人，"罗杰伯伯摇着头，有点不敢相信，"以前，我们一叫他帮着干点家务活，他就用各种理由推脱，还嫌我们管得严。如果哪个地方没有无线网络，不能上网，他就觉得这种地方没法待。可现在呢？他自己就知道找活干，而且干得很卖力！他甚至还会自己去摘栗子。我听到这些的时候，差点吓死。以前的时候，我就是拿枪顶着他，他也不会干的！虽然他在美国这一年把家里的钱基本都花光了，可现在想想，这是我最好的一个投资。他不仅学会了一门外语，还长大懂事了！"

我赶紧点了点头，但是我不能把秘密说出来。

爷爷的忠告：

· **如果你在债务到期之前忘了还款，并因此有了新的债务，绝不能视而不见。**

努力与你欠债的人或机构沟通，对债务进行分期付款。债务是不会自己消失的。你可能认为它会慢慢消失，但利息会让你的债务越积越多。这样你要还的钱会比原来的债务多得多。

· **永远不要仓促地签合同，尤其是债务合同。**

千万不要着急签合同或在没有考虑周全的情况下签合同。着急的人往往会因为一些压力而乱了分寸，从而给自己带来更多的麻烦。即使你有麻烦，如果没有深思熟虑，任何人也不能强迫你签合同。在做决定之前一定要三思而后行。

第41章 按揭贷款

卢克的问题让我对债务了解了更多，也对这个问题有了更多的思考，因此，最近我又想到了按揭贷款的事，电视上一直都有这样的广告。

我所知道的按揭贷款，是为了买房子而从银行借钱，借钱的人需要花很多年才能把这些贷款还清。我爸爸妈妈没有按揭贷款，不然他们肯定会在我和阿黛尔面前提到。他们认为，家里的每个人都应该了解对家庭里每个人都有影响的、重要的财务问题。

接下来发生的一件大事让我对按揭贷款更有兴趣了。

第42章 爷爷和奶奶搬家了

从我记事开始，米莉奶奶和杰克爷爷就住在泰伯街拐角处的一栋黄色房子里。我很喜欢他们的房子，比我们的大很多，而且还有一个大阳台。天气好的时候可以在阳台上吃饭。可是，上个月他们搬家了。如果他们搬到了一个更好的地方还可以理解，但是恰恰相反，他们竟然搬到了一个不如原来的地方。

新的房子只有原来的一半大。卫生间特别小，只能淋浴，连个浴缸都放不下。新房子太小了，原来家里的很多东西都放不下，爸爸妈妈拿走了一些，还有一些拿到旧货市场卖了，甚至有一些只能扔掉。

当然，在这之前，他们没有跟我和阿黛尔说。一切都安排好以后，他们才告诉我们。爸爸告诉我们不要为这个周六做打算了，因为我们要帮着搬家。搬家公司在搬东西的时候，需要家里的一个大人在一边看着。大人们说，小偷可狡猾了，稍微松懈一点，他们就会把东西偷走。

我觉得这件事情太难以接受了。我很惭愧，对这次搬家没有一丁点儿兴趣。

我从来没见过爸爸这个样子。我听到他很难过地对妈妈说："不能给两位老人买套新房，我很难过。而且他们不肯搬来跟我们一起住，他们说，他们这样做是想图个清静。"

"别说傻话，"妈妈摸着爸爸的手说，"我觉得他们的决定很好。"

妈妈竟然说很好？从一个好的房子搬到一个不好的房子里，有什么好的？

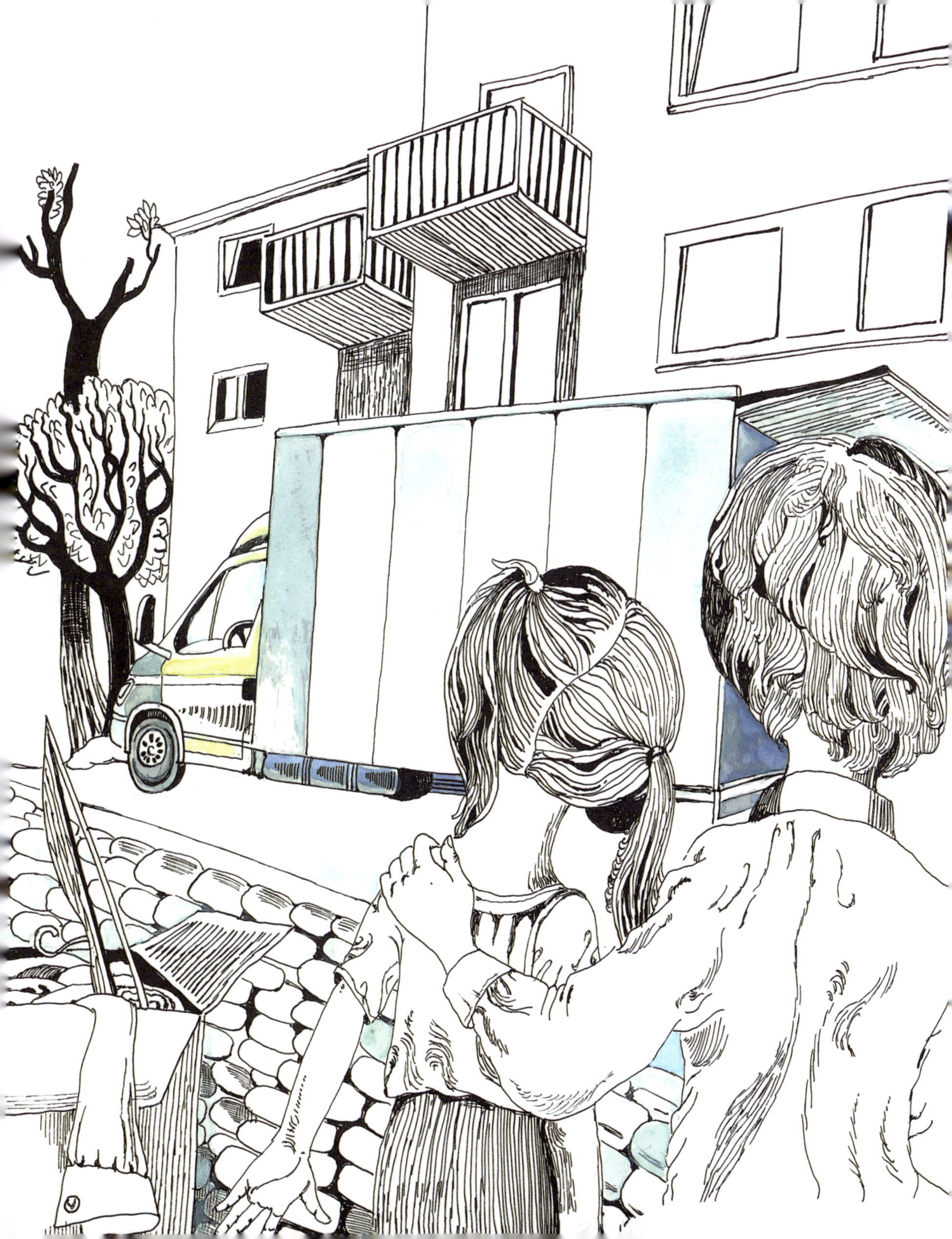

第43章 当一切都变了以后

两星期以后,我们要去参观爷爷奶奶的新家。"亚当,别老想着以前那些事了。"妈妈说,"当你看到爷爷奶奶的新家时,你会喜欢的。画都挂到墙上了,家里所有的东西都干净整洁。过来端着花盆,把这盆仙人球送给奶奶当礼物。"

确实,两个星期以来,我一直不想去爷爷奶奶的新家。但最后,我还是让步了。在去爷爷奶奶家的路上,妈妈提醒我们要对新房赞不绝口。不管自己觉得怎么样,都要说"新房子真漂亮!"可是,她又告诉我们不能撒谎!

我承认,这次看到的新房子比搬家时看起来要好一些,可是仍然……阿黛尔跟我一样,也没说话,她看起来好像受到了沉重的打击。我的火气也直往上升,恨不得踢一脚墙,大喊一通:"这太不公平了!我还想住原来的房子,我想跟原来一样!"

第44章 印第安人大红脸

妈妈把礼物从包里拿了出来,就是那个种着仙人球的花盆。爷爷奶奶特别喜欢仙人球。妈妈朝我和阿黛尔来了个难看的印第安人大红脸。"印第安人大红脸"这个外号,是我和阿黛尔给妈妈起的。每当她生气的时候,她就给我们来个印第安人大红脸。虽然她没说话,但那个表情和目光吓得我们直哆嗦,阿黛尔哭了起来。奶奶摸着阿黛尔的头说:"别哭了。并不是所有的东西都变了，我还是原来的样子啊！爷爷也没有变啊！我们只是把一些没有用的破烂扔掉了，这样打扫卫生的时候更省事啊！而且这里还有电梯，爷爷的腰不好，我们早晚都会用到的。"难道他们真的把那个可以吃饭的种着花花草草的大阳台换成一个电梯？

最后我还是没忍住，没好气地抱怨起来："奶奶，你为什么要搬到这个又小又烂的房子里呢？"

以前我每次发完火，肯定要挨批，可是这次奶奶却一反常态地给我端了一杯茶，很温和地跟我说："亚当，你要慢慢适应。爷爷和我都觉得我们不能一直住那么大的房子。用养老金付完房租、电费和取暖费以后，我们剩不了几个钱了。而且，我们还有一个小房子需要打理。综合考虑以后，我们觉得没有必要继续住在那个200多平方米的大房子里了。你爸爸和两个伯伯还小的时候，我们确实需要这么一个大房子。但是现在只有我们老两口，用不着这么大的房子了。"

她还说，除了考虑经济因素外，一个好的家庭主妇要知道自己可以承担多少，而且知道哪些东西应该放弃。

第45章 爷爷奶奶为什么不用按揭贷款

泰伯街上的房子并不是爷爷奶奶的，整栋楼都是内特尔斯先生的。我认识他，因为我们经常会在楼里遇到他。

内特尔斯先生答应，在爷爷奶奶从这栋楼搬走的时候，他会给一些钱作为中止租房合同的补偿。

我知道，如果租户能够按时把全部房租交上，房东是不能把租户赶走的。

因此他给爷爷奶奶退了一些钱。爷爷奶奶说，他们用了几乎所有的积蓄，再加上退回来的钱，买了这套新公寓，而且连装饰房子、修修补补和搬家的费用也够了。这套新公寓有客厅、卧室、厨房、厕所和储藏室。可是，我还是很纳闷他们为什么要用几乎所有的积蓄来买房呢？

"既然你们把所有的积蓄花掉了，那以后你们还能买更大、更好的东西吗？"

"是啊，亚当，我们买不了了，"爷爷说，"我还是老脑筋。人们经常跟我说，你不能花光所有的钱，你至少应该留出一点钱以备不时之需，尤其是等你老了，没法再去挣更多钱的时候。即使是像买房子这样大的支出，也不能把所有的钱都花光。"

哼！这些你都知道，我还能说什么呢？我又问："那你为什么不按揭贷款呢？这样你可以买个更大的房子啊！是不是因为你老了，他们不把钱借给你？"

第46章 并不是所有的人都能按揭贷款

厨房里飘出了我最喜欢吃的煎土豆饼的香味，跟在老房子里做的味道是一样的。

奶奶在厨房里发表她的看法，房子小的好处就是无论在哪里都跟在一个房间一样。"我们确实是年纪大了，但如果有些老人犯糊涂，银行也愿意给他们贷款。我和你爷爷还没糊涂到这个地步。不要觉得我们对按揭贷款有偏见，只是并不是所有的人都适合按揭贷款。千万别相信广告上说的那些鬼话，他们总说如果没有自己的房子会有多么遗憾。但其实每个人都应该量力而行，做事的时候要按常理来。"这样，我们就回到了常理的话题。

第47章 有些人有自己的房子，而有些人没有，没什么大不了

我们都需要有地方住。爷爷奶奶说，我们有好几种得到住所的方法。

最简单的方式就是从父母那里继承一套房子，或者父母直接给买一套。

"我觉得，如果一个人什么都不用干就可以免费得到一套房子，是很不公平的。"我想到了国王，他肯定会从他爸爸那里得到一套房子，而我肯定没有，啵啵也没有，而老博连想都不用想。

米莉奶奶似乎看出了我的心思，说："亚当，你知道是什么让大人和孩子不一样的吗？孩子们总是喜欢相互比较，总会注意到谁又不劳而获了，常常因为自己什么也没有而感到难过和生气。但是大人们会这么想，我朋友的父母给他买了一套房，他是幸运的，我为他高兴。如果有人给我买，或我能继承到一套房子，我也会很高兴，但是我最好还是靠自己，而不能仅仅指望别人的施舍。"

奶奶说她自己既不是经济学家也不是什么投资经理，她只是说一下自己的看法。但是，如果将来我能离开父母独立生活，她会为我感到高兴的。我也会记住她跟我说的这些话。

👉 **在奶奶看来，哪些人应该按揭贷款，而哪些人不应该。**

· **应该按揭贷款的人**：租房子住，而且还继承了一部分遗产或攒了一些钱。

如果他们有足够的钱来付首付，就不用担心按揭贷款了。付完首付以后，他们就可以用按揭贷款来还剩下的钱。而剩下的这些钱就相当于已经提前买房

了，这比把钱存在银行要划算。即使出现最差的结果，他们还可以把房子卖掉。

· **应该按揭贷款的人：不止一个人还贷款。**

两口子都挣钱的话，可以一起还贷款。除了用现金交首付（他们自己挣来的），他们可以考虑少贷一点款。两个人挣的钱除了足够还房贷，还要维持生活，此外，还要攒一点备用金。

· **不应该按揭贷款的人：收入很低的人。**

收入很低的人如果想要找个住的地方就要费一番周折了。

他们绝对不能借太多的钱。退休之前，他们可能会还上一部分钱，但是等他们老了，干不动了就不行了。一旦贷款，他们的生活质量会变得很差，因为除了上下班，他们哪里也去不了。他们把挣的钱都交给银行后，就只能吃面包和奶酪了。即使租房子住，也比这样捉襟见肘要好。如果没有贷款压力，他们还能把一些钱用来享受，而不用全部用来还贷款。

记住这几点：

1. 不要跟别人攀比。

2. 不管你住的是别墅、大房子，还是租房子住，都不会影响你的人格。只有愚蠢的人才会通过住房来判断一个人。有些人虽然买不起房，但他们不会嫉妒那些住在继承的房子里的人，这样的人值得尊重。

3. 不要把房东当成你的敌人。他可能是个无赖，但他的房客也可能是。最重要的是人们要以诚相待，和谐相处。

> 无论我们是否要还按揭贷款，为了维持生活，长大以后我们都应该像爸爸妈妈一样努力工作，但什么样的工作才是好工作呢？下面继续听亚当讲故事吧。

第48章 长着一口漂亮的洁白牙齿的男人

最近我注意到，不同的人是怎么问我一些尴尬的问题的。

我的邻居纳特夫人最爱问这种问题了："亚当，你长这么大了啊！我还记得你小时候光着屁股往花园的池塘里尿尿。时间怎么过得这么快？小亚当，有女朋友了吗？长大了想干什么啊？"

这时，我就赶紧说一声再见，然后开溜，可不能没有礼貌。我当然想过将来要干什么。在学校的时候，这个问题每个月都要被问十次。

有一个高级经理来我们学校，告诉我们现在很缺计算机程序员和设计师。如果我们将来想生活得很好，就应该学一门技术。还有，现在到处都需要金属制品工人，而且他们的工作已经不再像我们想象的那么脏，都是在电脑上完成。如今的金属制品工人都是穿着白衬衣工作的。

第49章 我还是不知道将来要做什么

他的话确实很有煽动性，于是我问他有没有孩子。

"朋友，我有孩子，"他笑着跟我说，露出了一口漂亮的洁白的牙齿。他不知道接下来要发生什么："我的女儿跟你同岁，你为什么要问这个？"

我问他的女儿在哪里上学，他说他女儿在一所捷克和美国合办的学校上五年级，接着我又问他："既然这么有前途，你为什么不把你的女儿训练成一个穿白衬衣上班的金属制品工人？"

他脸上的笑容消失了，对我也没有那么友好了，甚至没有回答我的问题。我们老师走开了，她不想让我们看到她在偷笑。

所以，到现在我也没想好将来要做什么。不过，至少有一点很明确，我将来想成为一个自食其力的人！

第50章 永远不要让别人替我们做决定

周五的时候，那个长着大白牙的男人在学校里唠叨了一天，妈妈也在那天去布拉格参加培训了。周六爸爸要到酒店上班，所以我和阿黛尔去爷爷奶奶家吃饭。当我告诉爷爷那个白牙先生把女儿送到了最好的学校却鼓动别人的孩子去做学徒工时，他哈哈大笑起来。

"你做得很棒！"爷爷拍着膝盖说，"但是这并不代表做学徒工有什么不好，而且白牙先生说现在缺技工也没有错。只是我们永远不要让别人替我们做决定！要去听一下那些真正关心你的人的意见，你的父母，还有你自己的想法！"

"我怎么听自己的想法呢？"

爷爷的脸上露出了一丝不易察觉的表情，然后给了我一个很巧妙的回答："亚当，你知道吗？人们在做真正喜欢的工作时才能得到最多的回报。谁能比你更了解自己喜欢的东西呢？"

第51章 爷爷眼里的好工作

爷爷拿出一张纸，开始写了起来。他并没有写工资，甚至连个大概数字都没写。他一直都是这样的，虽然他会提到钱，但他从来不会只认钱。

怎么选择一个让我们感到幸福的工作呢？
1. 超级幸福的工作如同一份可以得到报酬的爱好

如果一个人的工资很高，在支付日常费用以后，还能剩下一些用于休闲娱乐和储蓄，那么这个人是很幸运和富有的。但是爷爷总是有自己的一些想法：要当心，这样的工作不会从天而降。在很多情况下，人们需要通过努力学习，打败竞争对手才能得到这样的工作，而且他们还要不断学习新东西。

2.工资不是很高却让人感到幸福的工作

从事这些工作的人们会想，他们宁愿日子过得清贫一点，也不会去做其他的工作，或者他们会做一些其他的工作来补贴家用。

3.虽然不是太喜欢，但也不讨厌的工作

这种事很常见。大人们不可能总是按照自己的喜好选择工作，至少短时间内不可行。但是，如果他们能够努力工作，并很有决心，他们可以达到第

二种情况，甚至第一种情况，那会让他们更加满意。

4.虽然不喜欢，但是工资却很高的工作

这种情况的问题是尽管这份工作会让你挣很多钱，但是没有人会长时间地做一份让他不开心的工作。如果工作让我们很闹心，挣再多的钱也不会让我们快乐！

5.一点都不喜欢，自己的价值也没有被体现的工作

针对这种情况，有几个问题：为什么要做这个工作？为什么不试一下别的工作？难道真的没有其他选择吗？但是，有时候大人们真的别无选择，比如因为身体原因或孩子太小等等。这时，我们只能告诉自己："有个工作总比没有强！"而且，人们只有在尝试过一些枯燥、工资低的工作以后，才能学会珍惜一份好的工作。

没有工作

这是很多人担心的问题。这不仅意味着没钱挣，还容易让人觉得自己没用。不用上班的感觉固然很好，但是如果由于找不到工作而不得不休假，就不是这么回事了。无所事事，挣不到钱会让人倍感压力。几乎每个人都经历过失业的痛苦。但是，正如人们常说的，黑暗之处总有光明。这种经历会改变人们对工作好坏之分的看法。

第52章 自以为是的叉子小姐

如果爷爷说的没错，那我最喜欢的工作就是滑雪了。我喜欢滑雪，可我知道我滑得不好。每个冬天我只能滑两次，所以也不可能滑好。务实一点的话，我还是适合从事计算机行业，比如编程。我对数字特别敏感，如果家里的电脑有问题，大家都会来找我，连爸爸都得找我帮忙。不是我说，对爷爷奶奶来讲，电脑这种东西就是折磨，这倒不是因为他们不愿意接受新事物，而是压根就不感兴趣。

奶奶叫我和阿黛尔去吃饭，我的思路一下被打断了。却不料，倒霉的事来了。爸爸最近说阿黛尔能成为世界级的经理人，因为她很擅长给别人安排活，然后再批评他们干得不好。此时此刻她又在教育我不要把叉子放在右边，而是应该放在左边。

但是这位自以为是的叉子小姐不可能成为世界级经理人，因为她数学不好。为了不让爷爷奶奶听到，我趴在她耳朵旁小声说："就你这样，将来能当个清洁工就不错了！拿个笤帚到处跑，挨家挨户打扫卫生！"果然不出所料，阿黛尔听到以后一下子蹦了起来，朝着我就冲了过来，吓了我一跳。我爬起来就往外跑，穿过走廊，出门，下了台阶。阿黛尔紧追不舍。她本想抓住我，结果却一下摔倒了，磕了脸。我吓坏了——虽然她脾气不好，但毕竟是我亲妹妹啊！

爷爷奶奶也追了过来，哦对了，不能算跑，只能算是走，他们现在已经跑不动了。奶奶手里还端着一碗杏仁布丁，朝我们大喊："这是怎么了？"

阿黛尔气哼哼地说："他说我长大了只能做一个拿着笤帚到处打扫卫生的笨清洁工。"

"清洁工怎么就笨了？打扫卫生很重要，而且是一份踏实的工作啊！"

"我知道，可是工资太低了，只有笨人才干这种活呢！"这句话算是捅娄子了。

第53章 奶奶以前为什么做清洁工

回到房间后，爷爷说："你看你俩这么聪明，怎么能干清洁工呢！"爷爷听起来有点生气，像是在说反话。

"阿黛尔，你怎么能这么说话呢？"奶奶听起来更生气，"你难道忘记了？我以前也做过一段时间的清洁工啊，你看我变笨了吗？"

我顿时觉得很不好意思，奶奶可一点都不笨。你要是听她说德语的话，你还以为她是德国人呢！而且她对花花草草了如指掌，医院里有个很出名的医生就喜欢跟奶奶讨论花草。奶奶是在很多年以前认识这位医生的。那时爸爸还小，被车撞了以后住了六个月医院。为了照顾爸爸，奶奶就顺便在医院做清洁工。虽然也有工资，但挣的钱比她在花店挣的少多了。

有一天这位名医来找奶奶，对她说："莫奈夫人，你来这之前，这里从没有像现在这么干净过。你的姓氏很适合你，它会给你带来好运。"（莫奈是"money"的音译）这位医生感到很不理解，一位对花草知识了如指掌，甚至比所有的医生知道的加起来都多的一位女士，竟然在医院里擦地板。从那以后，医生就喜欢跟奶奶聊养花的事情。

阿黛尔皱了皱鼻子，问奶奶是否真的喜欢做清洁工。

"一点也不想做，"奶奶摇了摇头说，"我和爷爷一直告诉你们，要好好学习，学习自己喜欢的东西，但有时候我们并不一定就能做自己喜欢的工作。但是，不管做什么，我们都要尽力做好。在做我们喜欢做的工作时，我们很容易做到最好，但是如果你能在自己不喜欢的工作中做到最好，那就更了不起了！"

第54章 清洁工能做心脏手术吗？

阿黛尔问了奶奶一个问题："为什么清洁工挣的不如医生多？清洁工也要吃饭，喝水，也得有地方住。而且你刚才说了，每个工作都很重要。"

假如我问这个问题，爷爷奶奶估计根本不搭理我。可是阿黛尔是女孩，而且是爷爷的宝贝疙瘩。爷爷把阿黛尔好一顿夸，就像她找到了治疗癌症的方法一样:"我的聪明丫头问了一个聪明的问题。下面我来问,你来答好不好?"

爷爷:"医生能干得了清洁工的活吗?当然能干。可是清洁工能做心脏手术或补牙吗?"

阿黛尔:"不能。"

爷爷:"如果我们家的烟囱需要清理,我们需要找烟囱清理工还是面包师?"

阿黛尔:"烟囱清理工。"

爷爷问了个难一点的问题:"你的音乐老师能管理一家航空公司吗?她跟航空公司的高管一样也上过大学。"

阿黛尔想了一会儿说:"嗯……我觉得不能。"

爷爷:"航空公司的经理,歌唱得也挺好,但是他能给你们教音乐吗?"

阿黛尔什么也没说,爷爷就自己回答起来:"他能教,但是肯定教得不会太好,孩子们什么都学不到。阿黛尔,这些例子告诉我们什么?亚当,如果你愿意,可以帮她回答。"

第55章 同样的器官,不同的大脑

爷爷说,虽然我们每个人有着同样的胃、肝脏、肺、肾和肠子,但是当所有人都脱光了衣服,我们会看到有的胖,有的瘦,有的年老,有的年轻。如果只是把衣服脱光,我们根本分不出谁是总统,谁是卖面包的,哪位女士是看门的,哪位女士是歌唱家。能够把这些人区分开来的并不是他们的外表,而是他们的大脑,尽管外表也很重要。大脑决定了谁聪明,谁是天才,以及各自的爱好。最令人吃惊的是,大脑的差异决定了人们适合干不同的工作。有人擅长数学,有人擅长画画,而有人更适合做生意。即使在小的时候,我们也能看出谁有运动天赋,谁最会系鞋带。一个笨手笨脚的人可能会是一个了不起的歌唱家。爷爷说,如果人们只擅长做生意和运动，就没人去画画或养马了，这个世界就没有现在这么美好了，会变得非常无趣。

第56章 鱼和鸟各有所长

"亚当，挣多少钱并不是唯一重要的事情。你还要考虑你喜欢什么，擅长做什么，仅仅把钱作为衡量一些事情的标准是很愚蠢的。"爷爷继续说，"鱼就一定比鸟好吗？虽然鱼会游泳，但是它不会飞啊！鱼不能像老鹰一样在悬崖峭壁上翱翔，同样，如果老鹰飞到水里也会淹死。为什么要告诉阿黛尔程序员能挣很多钱？她可是讨厌数学，对电脑一点都不感兴趣的。但是她外语好，还能和奶奶聊好几个小时关于养花的问题。即使她一天到晚地学编程，也是一个不快乐的程序员，也肯定成不了一个很好的程序员。如果一个人对某件事情不感兴趣，缺少天赋，是无法把这件事做好的。如果你只是靠做这个混日子，也不会挣很多钱。阿黛尔应该发挥自己的外语特长，或者学植物学。那些喜欢自己工作的人会更努力地工作，而一旦你努力了，钱自然就会来了。"

我一时有点反应不过来。

下面是阿黛尔的故事……

第57章 数学有什么好处？

亚当肯定有事瞒着我，虽然不知道具体是什么，但我能猜出来我们的表哥卢克有麻烦了，可能跟债务有关，不过他和亚当还有爷爷合伙瞒着我，这让我心里很难受。我本来想跟妈妈说一下，可是后来又忘了。最近，一直让我忧心忡忡的是数学，它让我的生活一塌糊涂，我恨死它了！我实在想不通数学有啥好的，为什么非要让我学那些小数啊、分数啊、百分数啊！等我长大了，我要给动物看病或者赛马，可是没人对这些感兴趣，至少"老妖怪"是不会喜欢的。老妖怪是我们的数学老师，他的真名叫安德鲁布雷，但是我们都叫他老妖怪。虽然我们不知道他有多大，但我肯定他年龄不小了，肯定不止35岁。

第58章 手机惹的祸

今天我惹着老妖怪了。

学校不允许玩手机。如果有人把手机放到桌子上，不管什么理由，一律没收。今年刚开学的时候，校长就对所有的家长说，虽然她感觉不好意思，但在学校里，任何学生都不能在课堂上玩手机！所有被没收的手机只能在放寒假时才能拿回来。家长如果有意见可以向教育部投诉。校长发话了，肯定就得听。虽然有两位学生的爸爸表示抗议，但她根本不管这一套。我爸爸看到这一幕时说："这个女人真有个性！看来不好惹啊，不过，就应该这样！"我爸爸还是支持校长的做法的。

因此，我只要违反了学校的规定，爸爸就不会给我好脸色。

周一上午的第一节课就是老妖怪的数学课。

刚打完上课铃，我和克罗还在互相挤眉弄眼呢，老妖怪就走进教室了。

我一直都和克罗同桌，可是最近老妖怪把我俩分开了，就因为我俩坐一块老说话。现在她坐在教室后面的一排，跟弗雷加同桌，而我坐在第三排，跟杰克·布兰斯顿同桌。所以，我和克罗只能发短信聊天了。

"短信女王，你过来，把手机给我，"老妖怪冷笑着，伸手问我要手机，"到讲台上来，我为你准备了一份小数早餐。阿黛尔，别因为没了手机就六神无主，快点，拿支粉笔。"

看到我被老妖怪抓来做题，其他同学都舒了一口气。唉，牺牲我一个，幸福其他人！

"什么小数？"我也没必要装傻了，反正脑子已经完全懵了。

"嗯，阿黛尔，你没听错，就是小数。"老妖怪边忙活边说，他把我的手机锁到抽屉里，还在记录本上记了下来。

"怕什么啊！你问下老师今天早餐吃的什么？"教室后面传来了一个声音，其他同学都笑了。

"道兰，我记得我没问你今天早餐吃的什么吧！如果你想说，可以到前面来说一下，顺便帮帮阿黛尔同学。"

这下可惨了！其实我一直在偷偷喜欢杰克·道兰，可是没人知道这事。现在他就站我面前，我感觉自己就像个傻子！

老妖怪开始给我们出题了，可是我还没听几个字就听不懂了，只得在黑板上把问题写了下来。道兰的数学超级好，而这时老妖怪正往窗外看，我就伸长耳朵听道兰跟我说答案，可根本就听不懂。

老妖怪转过身来说："杰克，你还是老样子，得A，但是阿黛尔，很不幸，只能得D-，之所以给你减分，是因为道兰偷偷告诉你答案了，可惜你却一个字都听不懂。你的心思是不是从来就没用到数学上？"

"是的，我没有。"我低声说。

教室里哄堂大笑。

第59章 数学的用处以及如何防止被电话推销员欺骗

"但至少你是诚实的，"老妖怪并没有生气。他的这种反应反倒让我不知所措，原以为他会对我一顿狠批呢！

"我们来换种方式。我注意到你喜欢玩手机……（班里又哄堂大笑起来）同学们安静一下！那么，想象一下，假如我是卖手机的，我在给你打电话，"老妖怪换了个语气，"早上好！请问您是莫奈小姐吗？我是手机推销员。现在我要告诉你一个天大的好消息：我们公司将向你推荐一款新的苹果手机，只需18000克朗。"

一台手机要18000克朗？有没有搞错？同学们都跟着起哄。

老妖怪还没说完："你没有那么多钱吗？没问题。这18000克朗，你可以按月分期付款，轻松搞定！我猜你肯定有零花钱吧？而且在你过生日的时候，爷爷奶奶、姥姥姥爷也会给你钱吧？如果你向父母张口，他们肯定也会资助你一点的。不要犹豫，赶快行动吧！你现在只需给我们1800克朗，你就可以拿走苹果手机！多划算的买卖啊！"

我耸了耸肩。老妖怪问其他同学："哪些同学认为，这桩买卖很划算？"

有几个同学慢慢举起了手。

"你们还有没有问题要问这位手机推销员？"

"手机的功能怎样？"菲利普·罗斯说。

"保修期是多久？"我的好朋友克罗怯生生地说。

"还有其他问题吗？"老妖怪扫了同学们一圈，接着问。

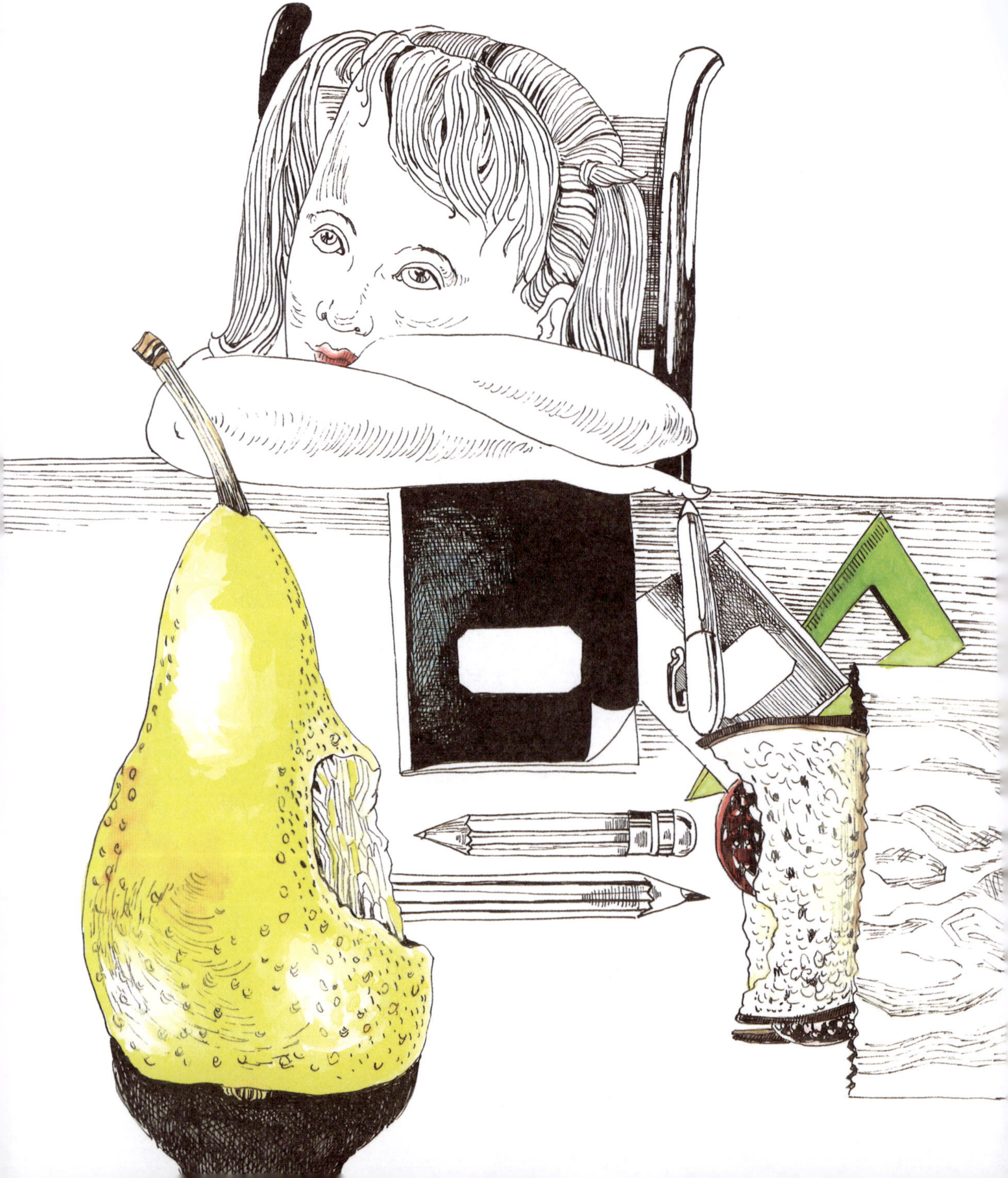

没人回答了。

"杰克，你有问题吗？"

"他们怎么知道阿黛尔的手机号的？她还未成年。"

"这个问题问得好，我们过会儿再考虑这个问题。还有其他问题吗？"

又没人回答了。

"如果都不说，我就都给你们打个E！今天，我们要换种方式上课。但是，现在我要让你们看一下，这门让你们讨厌的数学到底有什么用处！你会发现，即使对那些只想种萝卜，或者将来想当芭蕾舞演员的人说，数学也是很有用的！"

第60章 老妖怪告诉我们推销员是如何骗人上钩的

老妖怪清了清嗓子："那么接下来该怎么办呢？推销员向你推销苹果手机，而你又特别想要，可是要花18000克朗，你的父母肯定不会同意花18000克朗给你买台手机的。要知道，一个幼儿园老师每个月也就挣18000克朗。可是班里有九个小朋友都有苹果手机了，你为什么就不能有？但是你的父母可不管别的父母给孩子买什么，反正就不给你买，所以最后还是没买成！事情应该就是这样的！"

同学们一个说话的都没有，全部瞪着大眼看着老妖怪。他说的这些正是我们父母会说的！他又没孩子，怎么能猜到我们父母的心思呢？

老妖怪似乎没有注意到我们吃惊的样子，继续说："很显然，你只能继续用你的老古董手机了，这让你感觉很丢人。为什么你就不能让人刮目相看呢？这一次，你要风光一次，不能再老用那些便宜货了。每个推销员都了解人们想要一个东西却又得不到的时候的心理，他们的公司也会专门训练他们如何引诱人别忘了给你的小孩好攒点钱啦。

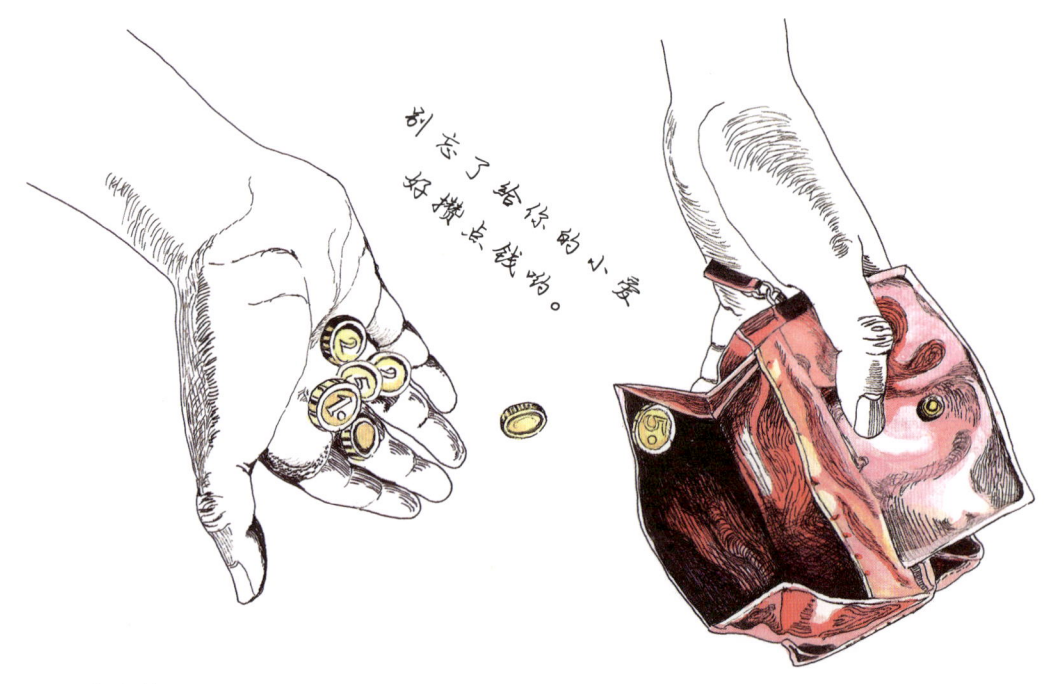

们上钩。

"那些最容易被说动从而花冤枉钱买东西的人，都是些喜欢跟别人攀比的人。推销员们就是抓住了人们的嫉妒心，让没有苹果手机的人去嫉妒那些有的人。"

"这个苹果手机马上就是你的了，"老妖怪又开始模仿手机公司推销员的语调了，"你只需先交1800克朗，手机就可以拿到手。现在1800克朗还算钱吗？"接着，老妖怪又恢复到正常的语调，"他们就这样一遍一遍地说，直到你买为止。他们就这样一点一点骗你上钩。"

☞ 老妖怪对分期付款的建议：

我们以前可从来没这么认真地听老妖怪讲课。

"我可以继续往下说吗？"他笑着说。

"当然可以！"

76

"就这样，你们轻易就中了推销员的圈套，而忽略了两个非常重要的问题：

"第一，这个苹果手机一共要花多少钱？

"第二，你要多久才能还清货款？

"现在就需要数学知识了……

"首先如果一次性付清，你需要花18000克朗。

"如果你拿不出18000克朗，可以先交1800克朗，然后在接下来的10个月里，每个月交1800克朗。（这就相当于多交了10%，在后面学百分数的时候你会学到。）

"在交完1800克朗的首付以后，你就可以使用这部手机了，但是这并不意味着手机就是你的了，它仍然属于手机公司。直到你把剩下的10次付款交完，手机才真正属于你。

"下面让我们来算一下：1800乘以10等于18000，但是还要加上你一开始交的1800，这就意味着，在10个月里，你一共花了19800克朗来买手机。这还是在你能够按时还款的情况下，如果你不能按时还款，还需要交很高的罚款。

"现在你还觉得这是一桩划算的买卖吗？"

"不是……"同学们情不自禁地低声说。

"我发现你们中间有些人还是想要这部手机，那我就给你们提几点建议。"

老妖怪给那些想买手机的人提的建议：

"如果你真的觉得自己离了手机活不了，那也要记住，一定要有耐心。

"首先，新款手机的价格肯定会降下来。手机更新换代特别快，价格降得也快。或许半年以后，这部手机就会降到13000克朗。

"我们再来算一下。如果你分期付款来买13000克朗的手机，在首付交了1800克朗以后，你只需要再交7个月的分期付款就可以了。这样只需7个月，手机就是你的了，而且总共只需交14400克朗，你就省下了5400克朗。"

第61章 世界是美好的，可是……

听完以后，同学们兴奋地讨论起来。

可是我却觉得很难过，小声地问："这是不是说每个人都很可怕，他们只想骗我们的钱，因此我们不能相信任何人呢？"

"当然不是，"老妖怪说，"我们之所以会买一些商品，是因为我们有需求，或者这些商品能让我们开心。如果没人买东西，生产商品的公司就没法挣钱，就只能倒闭。如果这样的话，那些在公司里工作的人，比如你的父母，就得失业。这样他们就挣不到钱了，就不能买任何东西，那些在其他商店或公司里上班的人也会失业。买和卖都很重要，但是你要想清楚，哪些是你真正需要的东西，哪些只是为了和别人攀比。"

老妖怪的建议：

商人们不喜欢那些精打细算、数学好的顾客。他们把每个月的分期付款说的很低，却不告诉人们总的数额。他们知道，很多人在上学的时候讨厌数学，不喜欢算数。

很多人觉得，通过好多个月或好多年来分期付款可以省一些钱。但是他们想不到，到头来，他们要多花好多钱。

如果真的想分期付款，付款前你应该明白哪些事?

1. 分期付款给卖家带来的好处要多于给顾客带来的好处。
2. 要问清楚你需要付多少次款，这样，你就可以计算出一部新手机或一台新汽车的总价了。

3. 想清楚，你是否非常需要这个商品，为什么需要。

4. 如果真的需要，考虑一下几个月之后这件商品是否会降价。

5. 要先考虑从父母或跟你关系好的人那里借钱，虽然你也要还，但避免了从陌生人或公司那里借钱的麻烦。

☞ 老妖怪说给所有学生的话：

在你遇到这种事的时候，要跟父母或你信任的大人说一下。不要担心，他们不会朝你发火，很多商人就想骗孩子，他们知道孩子们如果惹了祸都不敢跟父母说。但是债务不会自己消失，只会越来越多，早晚都会露馅的。

> 从前面几章，我们明白了花钱的时候要谨慎，要多攒钱，但是拼命存钱就是合理的吗？下面继续看阿黛尔的故事吧……

第62章 向日葵

我爸爸和国王的爸爸拿了一些钱用来投资。

当我问他们为什么要投资的时候，他们都笑了，跟我解释说，他们想要通过工作和做生意之外的方式挣点钱，反正把钱扔在账户里闲着也没什么意义，而且还有可能贬值。

他们说，要用钱生钱。

我搞不明白，他们就给我举了个例子。有两个园丁，各有一包向日葵种子。第一个园丁是小心先生，他担心如果把这些种子种到地里，鸟儿会把种子

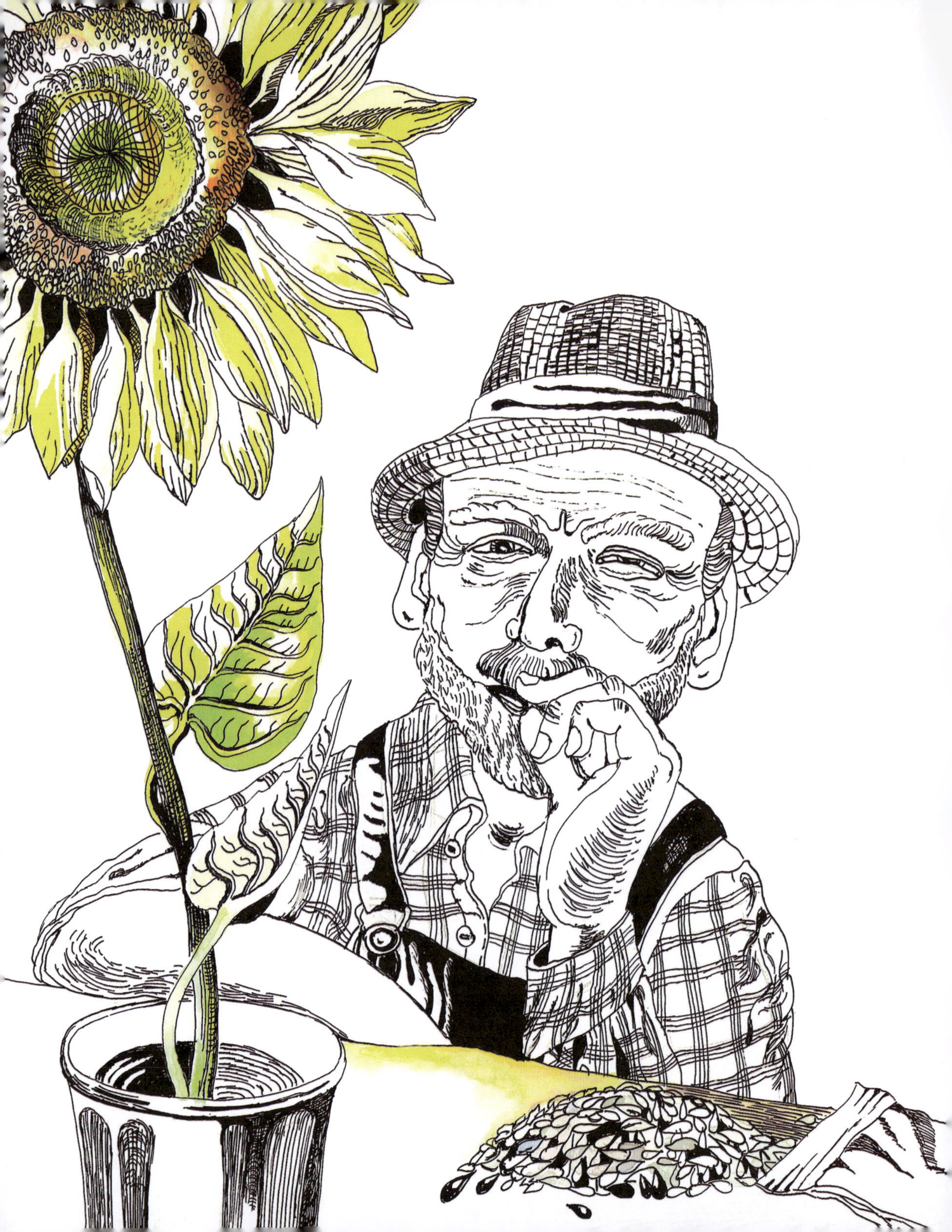

从土里刨出来吃掉，也有可能因为土壤太湿了，种子会在地下腐烂掉。他这样前怕狼后怕虎，干脆把这袋种子扔到了货架上，这样种子就不会有损失了。但是，如果这些种子一直放在货架上，时间久了也会变干或者腐烂，从而贬值。

第二个园丁叫冒险先生，他冒着种子被鸟吃掉和在地里腐烂的危险，把种子种到了地里，这样地里就可能长出漂亮的向日葵。如果一切顺利的话，他会收获比小心先生更多的种子。

这样看起来不错，但是冒险先生怎样保证这些种子能够长成向日葵呢？

"阿黛尔，没人能够保证这些种子一定能长成向日葵，而不会出现差错。但是如果一点风险都不敢承担，人们将一事无成。一个人如果老是怕被车撞到，那么他连家都回不去。"

嗯，可是我还是有点像小心先生，我一点也不喜欢冒险。

第63章 自行车锦标赛

每次爸爸和马德莱先生一起出去骑车的时候都会讨论投资的问题。他们把这种自行车比赛称为耐力比赛，看谁的耐力好，输了的一方要请赢了的一方喝啤酒。

他们跟妈妈和马德莱夫人说他们的自行车比赛是对健康最好的投资，不过我对此不太了解。有一天他们推着自行车走回来了。爸爸一手推车，一手背在身后，马德莱先生也是疲惫不堪的样子。原来，在骑车的时候，他们突然发现路上有一只刺猬妈妈和一群刺猬宝宝，赶紧急刹车，结果都摔倒了。

"你说有一只刺猬？"妈妈有点不太相信，"就那么个小不点？你俩真丢人啊，让一只小动物弄成这样。先生们，看来你俩的这次投资赔了啊。"妈妈说完就去拿创可贴和绷带了，我注意到妈妈眼睛里有亮闪闪的东西。两位爸爸疼得龇牙咧嘴，坐在扶手椅里又开始讨论投资的问题。

投资并不适合所有的人

他们说，投资并不适合所有的人。一个投资者既要有闲钱，也要有胆量。

什么是闲钱？

闲钱就是在你把下面各项花销预留出来以后剩下的钱：

1. 日常的生活开支，比如房租、电费、水费、食物和衣服等；
2. 保险和大的花销，比如洗衣机或冰箱；
3. 你的应急储蓄，这样就不用把钱花在一些用不到的保险上；
4. 休闲娱乐的花销。

休闲娱乐的花销

爸爸和马德莱先生说，用于休闲娱乐的花销比人们想象的更重要。如果你没有留出一点钱用来休闲娱乐，就有可能一点点地从应急储蓄里往外拿钱。虽然你告诉自己以后会还上的，但一般都还不上，这样你的储蓄就会越来越少。

第64章 当没有足够的勇气时

这时，妈妈拿着创可贴、消毒剂和绷带回来了："别转移话题，我倒想听你说说怎么对阿黛尔进行投资教育。"

"好的，夫人。"马德莱先生笑着说道，然后他又把园丁、向日葵和其他的那些事说了一下。

"闲钱和勇气还不够，"妈妈朝我眨了眨眼，"好的判断也很重要。我们永远不能盲目地跟风，而是要根据自己的经济情况做出自己的判断。"

她说很多人都没有闲钱，所有的钱都有用项，这让他们很烦恼。自己不能加入到游戏中来，干脆气急败坏到处说投资是骗人的。这些人就喜欢听别人投资结果却赔了钱的故事。有些人经常对那些自己得不到的东西恶语相向。

"还有一种人，他们有很多钱用来投资。他们会鼓动你去借他们的钱，如果你不借，他们就说你是胆小鬼，他们会说'谁胆子大，谁就能挣大钱！'问题是，如果一个人很有钱，足够维持日常生活，即使赔了一些钱，他们最多很生气，很沮丧，但不至于无法生活。但是如果一个人没有那么多钱，却把辛辛苦苦攒了好几年的钱赔进去了，他们可能永远无法恢复元气。为了把赔的钱尽快赚回来，他们可能会做一些傻事，比如去赌博。"妈妈说，赌博会让人大难临头。

"阿黛尔，正因为这样，"妈妈最后说，"我们不能说那个不敢种向日葵的园丁小心先生比他的同事冒险先生更傻，更胆小。每个人都要自己决定他们能够承受多大的风险，并想清楚是在安全的前提下少挣一点，还是要冒险多挣一些。"

又轮到亚当了……

第65章 男人要向着男人

我游完泳回到家的时候，错过了他们聊的最重要的内容，就是关于投资的那部分。至于阿黛尔嘛，哼！一个园丁和向日葵种子的故事就把她糊弄了。我感兴趣的可是正儿八经的投资！

  这个话题我现在还不太了解，可又不想被国王的老爸笑话，所以我就装出一副什么都懂的样子，高兴地看着他们向阿黛尔解释，毕竟她还是小孩子嘛！

  但是我感觉爸爸已经看出了我的心思，却装作不知道。事实上，我敢打赌，如果要让他回答是儿子聪明，还是女儿聪明，他肯定会支持我，家里的两个男子汉必须要互相支持。

投资、投资公司和共同基金

  "要想了解投资，你需要先弄明白这几个名词。最好的方法是把这些东西写下来。你给我找纸和笔来。"

  阿黛尔拿来纸和笔，递给爸爸。爸爸写道：

1. 投资人（阿黛尔）

2. 找到一家投资公司

3. 投资顾问向阿黛尔介绍共同基金

像马德莱先生这样有经验的投资人即使不用共同基金，也可以挣钱。如果用的话，他们也会把这些基金和自己的投资结合起来。有一些不了解投资的人，往往会利用共同基金学习投资。还有一些人对投资不感兴趣，或者没有时间投资，但是他们也不想把钱闲置在银行账户里或放在家里的保险柜里。

4. 共同基金就像一个装杂货的篮子，是一种投资组合。在这种投资组合中有很多小的投资项目，每一种都不一样。这就意味着，阿黛尔作为投资人，可以把她的钱分配到这些小项目里，然后挣到不同数量的钱。

5. 在你把钱投到共同基金以后，会收到一张权益证书，这张证书看起来像个菜单。我们的投资人阿黛尔可以通过这个证书查看她在哪些公司里分别持有多少股票，还能看到她持有多少债券、黄金、不动产、土地以及其他财产。

什么是股票？

在过去，股票是一种单据，但现在的股票都是电子形式的。如果你买了某种股票，就意味着你买了某家公司的一部分资产，这部分资产的大小取决于你买的股票的多少。

什么是国债？

买了国债以后，阿黛尔就成了一个小的银行家。买国债就相当于阿黛尔把钱借给政府，政府用这些钱来维持国家的日常运行。经过一段时间后，政府要连本带利地把钱还给阿黛尔。拥有国债以后，阿黛尔也算是这个国家的债权人之一了。

第66章 一堂投资课

"可是爸爸，如果我只有一点点闲钱，该怎么办呢？"我现在也顾不上装腔作势了，因为爸爸故意把我晾在一边，只给阿黛尔讲解。

爸爸看了看国王的爸爸，他可是一个更有经验的投资者。他的闲钱比我们多得多，所以投的钱多，次数也多。

"首先，投资需要慢慢来，"国王的爸爸说，"你不用一下子就投个几百万，其实几百克朗就足够了。这样小额度多次数定期投资的人都是为了实现某个目标而进行长期储蓄。定期投资可以减少组合基金投资的波动性。"

我没有听懂，就问："波动是什么意思？"

"股票的价格会像跷跷板那样上下不定，这是很正常的。如果你定期投资，你会买到一些价格高的股票，也会买到一些便宜的股票，这意味着总体看来，你都是按平均价买的股票。如果按照均价来算，股票的价格就不会有大的波动。现在对投资者阿黛尔来说，最重要的是如何成功地卖出。"

国王的爸爸继续说："如果阿黛尔或其他任何人，只是把闲钱放在家里的保险柜里或存在银行账户里，这些钱没有什么用处，而且还会随着时间推移，慢慢贬值。这就是通货膨胀，但是如果把钱进行合理的投资，钱就会越来越多。"

"怎么投资？"阿黛尔问。

"现在你从一家公司，比如一家发电厂，买了一些股票，你就会变成这家公司的股东，从现在起，这家发电厂的一小部分就属于你了。每年，发电厂都会从它的盈利里拿出一部分钱按照每个股东的份额分给股东们，这就是分红。你的股票越多，分红就越多。如果你有国债，政府也会根据国债份额给你利息。"

这就是国王的爸爸给我们上的投资课。

风险在哪？

并不是每种股票都会像投资者期待的那样赚钱。有时候，阿黛尔投资的这家公司的股票可能并不分红。因此，如果你开始投资的话，最好要循序渐进，定期投资，多买几只股票，合理搭配，这样可以保证至少能挣一点钱。没人能预测股市的走势，如果有人跟你说他知道在什么时候该买什么样的股票，他要么是骗子，要么就是无知。

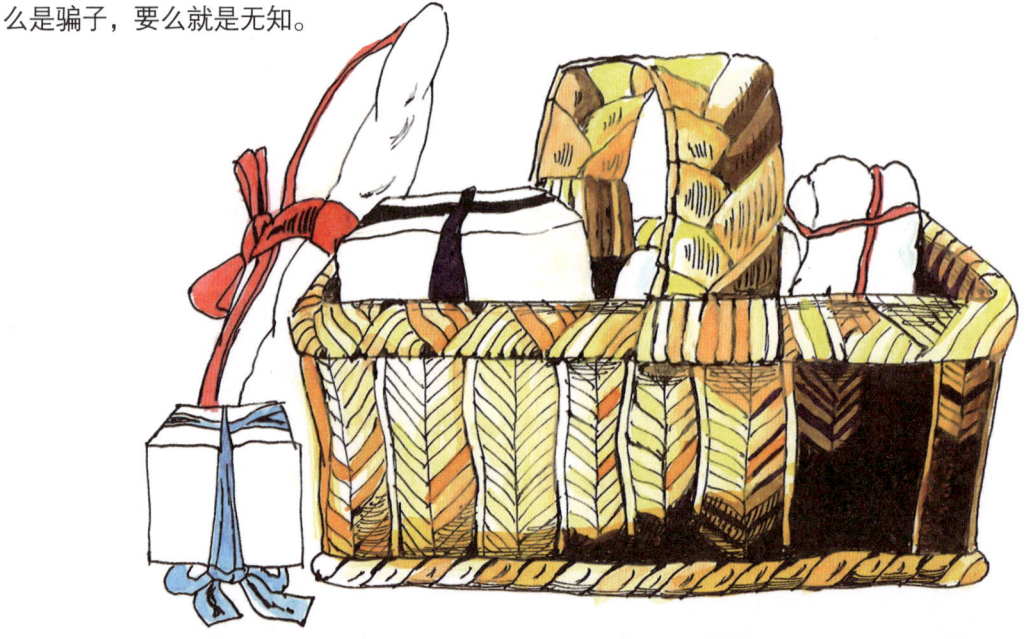

第67章 国王爸爸告诉我们的投资基本规则

1. 不要盲目追随别人。

在买理财产品之前，投资者一定要仔细研究，考虑清楚。很多人却不是这样的，他们还没把情况弄明白，就把股票买了。

2. 在投资之前，一定要先留出应急储蓄。

当然，即使没有预留出应急储蓄，你也可以投资，但是这样你会没有退路，就很有可能会陷入麻烦。也许你觉得把股票卖掉以后你马上就能赚一笔钱，但是不要忘了，你也有可能亏损。

3. 把你的钱分成几部分进行投资，不要把所有的鸡蛋都放在一个篮子里（也就是说，不要用所有的钱买同一个投资产品）。

假如你非常饿，跑到一家蛋糕店里，你可以花掉所有的钱，只买一个大的奶油蛋糕，也可以用这些钱买四种不同的小蛋糕。如果你只买一个奶油蛋糕，而蛋糕师在做蛋糕时又恰好不小心把盐当成了糖，根本没法吃，你就只能挨饿了。但是如果你买了四个小蛋糕，一个奶油蛋糕，一个奶酪蛋糕，一个橘子味蛋糕，还有一个桑葚味蛋糕，假如奶油蛋糕不好吃，你完全可以把奶油蛋糕扔掉，只吃剩下的三个。

4. 低价买进、高价卖出的股票才是最好的股票。

低买高卖是所有生意的基本法则。投资者要对他们感兴趣的公司深入考察，有敏锐的嗅觉。他们要考虑这家公司的发展情况。一家公司的发展前景如何，是否会破产，没人能给出确定的回答，但是如果你凭借我们前文提到过的那位会选择肉店的聪明农民的智慧，应该不会出现大的错误。从表面来看，一些公司，尤其是新公司，不知道未来是否能挣钱，但它实际上很有发展潜力。如果没有太多钱，投资者可以用很低的价格买一些这种有潜力的公司的股票。或许几年之后，他们就可以庆祝自己当初明智的选择了。

5. 要投资那些你对其产品有所了解的公司。

如果人们要在胳膊上打石膏，他们会去医院，因为他们知道医生才会打石膏。人们了解医院是做什么的，如果人们把钱投给那些他们根本不了解的公司，接下来的很多事情就会让他们大吃一惊。

6. 聪明的投资者善于考虑问题，他们买一只股票的态度就像在收购整个公司。

投资之前，先问一下自己：收购这家公司是不是明智的？如果你认为不明智，那么这家公司的股票一只都不要买。

7. 投资者要始终知道他们的投资周期。

要投资4年，10年，还是20年？

8. 投资者要在市场不景气的时候买进，在行情好的时候卖出。

有经验的投资者在买卖股票时会耐心等待和捕捉时机，这样才能赚到钱。就像一个渔夫，耐心地等着鱼儿上钩，而不是沿着河边胡乱撒网。

"好了，孩子们，"国王爸爸朝我们眨了眨眼，"这些就是你们需要了解的投资知识。"

我看到阿黛尔已经坐在爸爸的腿上，依偎在他怀里睡着了！

好的投资者
必须具备敏锐的嗅觉。

☞ **国王爸爸给投资者们的最重要的建议:**

投资并不适合所有人。如果你害怕担风险,或者没有时间研究,那就最好不要去做。如果你很想投资,一定要有闲钱。

闲钱就是在你花完下面的钱之后剩下的钱:

1. 日常生活花销。
2. 留出应急储蓄。

对于现在的人们来说,这些建议都很实用。

永远不要只买一种蛋糕。

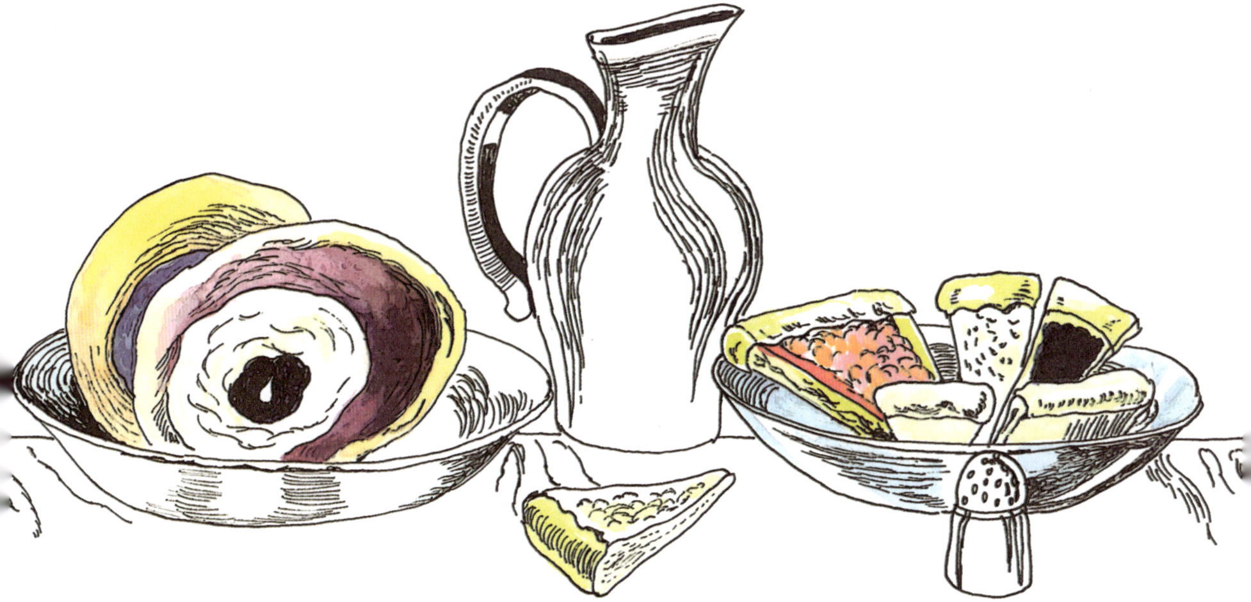

图书在版编目（CIP）数据

钱该怎么用 /（捷克）德尼莎·普罗斯科娃著；（捷克）德尼莎·普罗斯科娃绘；李科译 . — 福州：福建少年儿童出版社，2018.6（2023.12重印）
（给孩子的经济启蒙书）
ISBN 978-7-5395-5753-3

Ⅰ.①钱… Ⅱ.①德…②李… Ⅲ.①经济学－儿童读物 Ⅳ.①F0-49

中国版本图书馆CIP数据核字(2018)第045059号

Make Your Money Work for You
(written and illustrated by Denisa Prošková)
Original title: Aby vám peníze dobře sloužily...a nikam vám neuletěly
Text copyright © by Denisa Prošková
Illustrations copyright © by Denisa Prošková
All rights reserved.
Chinese edition is published by arrangement with Albatros Media a.s, Prague, Czech Republic.

中文简体字版由福建少年儿童出版社在中国大陆地区独家出版发行
著作权合同登记号：图字13-2021-022号

给孩子的经济启蒙书
钱该怎么用
QIAN GAI ZENME YONG

作者：［捷克］德尼莎·普罗斯科娃　著/绘　李科　译
出 品 人：陈 远　　　　　　　总 策 划：杨佃青
责任编辑：陈 婧　　　　　　　助理编辑：陈 佳
美术编辑：郑楚楚　霍 霞
出版发行：福建少年儿童出版社
http://www.fjcp.com　e-mail:fcph@fjcp.com
社址：福州市东水路76号　邮编：350001
经销：福建新华发行（集团）有限责任公司
印刷：福州德安彩色印刷有限公司
地址：福州金山浦上工业园区B区42幢
开本：889毫米×1194毫米　1/24
印张：4
印数：81001—86000
版次：2018年6月第1版
印次：2023年12月第11次印刷
ISBN 978-7-5395-5753-3
定价：24.00元

如有印、装质量问题，影响阅读，请直接与承印厂调换。联系电话：0591-28059365